SELECTED POEMS
Rogha Dánta

By the same author

An Dealg Droighin
Féar Suaithinseach

NUALA
NÍ DHOMHNAILL

SELECTED POEMS
ROGHA DÁNTA

Translated by Michael Hartnett

NEW
ISLAND
BOOKS

New Island Books / Raven Arts Press

Selected Poems: Rogha Dánta
is published in 1993
for the Raven Arts Press
by **New Island Books**
Brookside
Dundrum
Dublin 14
Ireland.

First published in translation in 1986 and reissued in
dual language format in 1988 and 1989.

Originals © Nuala Ní Dhomhnaill, 1988.
Translations © Michael Hartnett & Nuala Ní Dhomhnaill, 1986.
Introduction © Máire Mhac an tSaoi, 1986.

ISBN 1 85186 027 4

Raven Arts Press gratefully acknowledge the financial assistance of
AIB Group in the production of this and other titles in *The Bright
Wave: An Tonn Gheal* series.

Tá Raven Arts Press buíoch do Bhord na Gaeilge as a gcuid
urraíochta.

Raven Arts Press receives financial assistance from the Arts
Council (An Chomhairle Ealaíon), Dublin, Ireland.

Raven Arts Press gratefully acknowledge permission from the
Mercier Press and An Sagart to include the Irish language texts
originally published by them in this book.

Cover portrait by Brian McMahon. Cover design by Rapid
Productions. Designed by Dermot Bolger.
Printed and bound in Ireland by Colour Books Ltd., Baldoyle.

CONTENTS

Translated by Michael Hartnett

5

Poems translated by the Author

INTRODUCTION

Nuala Ní Dhomhnaill is, in the strictest sense of the word, a remarkably fortunate young woman. Her talent is profound and exuberant; her command of the medium she has chosen is absolute; the literary tradition to which she adheres is unique, in that it goes back unbroken to the origins of our Indo-European culture. Transcending all that are her lambent intelligence and the instinctive exactitude of her inspiration. Those who can read her in original Irish will not, I think, need all this advocacy — I think, I hope — perhaps I should recommend the use of a good dictionary, for Nuala's Irish is like that of children brought up by their grandmothers, a hundred years old, a kind of miracle of survival. At all events, I am happy that she is now available in translation, so that many of us, who could not do so before, can now put a name on the age-old nightmare that haunts the geometrically-defined gardens of our city housing estates, the nightmare that followed us in from the country.

Nuala presents the other panel of Mr. De Valera's diptych of stalwart youths and comely maidens. Her vision does not invalidate his; it gives it a further dimension. The idyll of Irish rural life was not simpleminded; it had an overt and articulated darker side, which can come effortlessly to terms even with the sadism and Satanism of our present rootless and drifting mass-culture, teach us the control techniques we need to survive in such a world — nothing new under the sun! It is strange and deeply heartening that the forces of darkness, once confronted and reduced to numbers, are less scary. Perhaps it is the will of God that in their moment of defeat they should provide entertainment. Of course they are never defeated for very long — so Nuala will have to go on writing:

"How art thou fallen from heaven, O Lucifer,
Son of the Morning!"

9

For me it almost impossible to do justice aesthetically to this poet's production. Substance and expression are so indissolubly interfused that analysis is dauntingly laborious. I can only say that I hear the tribe speaking through her and that the language of the tribe has a dignity, comeliness and authority that as a child I knew and had forgotten. As is the case with all healthy adults in their prime, the poet is obsessed with sex, and with its concomitant verities of cruelty and love. It is the strength of the Gaelic erotic tradition that it is explicit without being shameless. She is not old enough, yet, to tackle that other great Gaelic theme, that of death, but, like some mediaeval mystic, she makes the transition easily from corporeal love to divine, as in the Paidir Chomaoine:

"oscail do chóta,
ardaigh do ghúna . . .'
t'fhuil i mo bhéal,
do chorp ar mo theanga,
a Iosa . . ."

Or again in Parthenogenesis, a wonderful retelling of the old, old story of the "get" from the sea:

". . . is chuige seo atáim
gurb ionann an t-umhan a bhraith sí . . .
. . . is an buaireamh a líon
croí óg na Maighdine nuair a chuala sí
clogbinn na n-aingeal is gur inchollaíodh
ina broinn istigh, de réir dealraimh, Mac Dé bhí"

Christianity is a queer tough faith: it would need to be, to stand up in Nuala's poetry to the old religions. Frequently her verse takes on the accents of that most ancient of demi-urges, the Mother-goddess, older than morality, unearthly, yet of the earth earthy. It should not be possible; Nuala is a young married woman of our time, decently brought up, educated, travelled, sophisticated; and yet she never puts a foot wrong, her language never lets her down; she is Mór, the Mór-Ríon, Medb — and she is never ridiculous. Indeed, it is when she is the 'spae-wife', the 'bean ón lios', the poor man's Mother-goddess, Our Lady of Ballinspittle before the event, that she is at her most impressive. This alter ego allows her to voice all the suppressed evil in the female principle: this basic element, of which all women are aware, although it chills the blood when it is "so set down". She is quite good too on male chauvinist awfulness, but, as should be the case with a woman poet, this is not central to her theme. Nuala has experienced anorexia; it would be too much to say that she has experienced demonic possession; the alchemy of her genius — I use the word advisedly — has transformed this *rite de passage* into a benign phenomenon — at what cost to herself it would be impertinent to enquire. She "stands like Aaron between the living and the dead." We hosts of the detribalised are immeasurably in her debt; she has restored to us something of our lost wholeness; there can be no transcendent virtue without some inkling of the abyss.

I first realised many years ago that this new star had appeared in our firmament. In some student publication I came across certain verses entitled, appropriately enough, Réalt Reatha. It was a nice little love poem, I thought at first glance, and then, as I read, it burned on the water:

"Cad é an dóiteán
a thiocfaidh as
nuair a bhronnfair orm póg?
Pléascfaidh amach sa ghalacsaí
réalt nua
is déanfaidh ród
ár dteilgeadh thar an domhan ar fad
is ag tarringt orainn aird
na bpáistí gona mbuataisí
ag tóirseáil ins an gclaí"

A generation earlier, I had been such a child, abroad at night in wellingtons, with an electric torch, marvelling at shooting stars. Now that I am better acquainted with Nuala's range, I think of this vignette as part of an Icarus picture. Her myths have extraordinary, primaeval power, but they are firmly established within the framework of the real: her fairy-woman wields a Black-and-Decker; she herself carries a black-hafted Kitchen-Devil (scian choise duibhe) as protection against the supernatural; in the *lios* she does not eat: "táim ar *diet,* an dtuigeann sibh . . ." The time may come when she will shed her avatars, communicate in a persona we can more easily acknowledge as contemporary. I could not presume to pre-empt her progress. I can only express here a very humble gratitude because she has given voice to a world I thought had died, and because she has demonstrated its acute relevance to the world in which we live today. Her work is in the truest sense a work of piety; it is also, as all true works of piety should be, something of a cautionary tale. I have great pleasure in recommending this selection of her poetry in translation to her new readership. I esteem them privileged.

— **Máire Mhac an tSaoi.**

Selected Poems
Rogha Dánta

TÁIMID DAMANTA, A DHEIRFÉARACHA

Táimid damanta, a dheirféaracha,
sinne a chuaigh ag snámh
ar thránna istoíche is na réalta
ag gáirí in aonacht linn,
an mhéarnáil inár dtimpeall
is sinn ag scréachaíl le haoibhneas
is le fionnuaire na taoide,
gan gúnaí orainn ná léinte
ach sinn chomh naíonta le leanaí bliana,
táimid damanta, a dheirféaracha.

Táimid damanta, a dheirféaracha,
sinne a thug dúshlán na sagart
is na ngaolta, a d'ith as mias na cinniúna,
a fuair fios oilc is maitheasa
chun gur chuma linn anois mar gheall air.
Chaitheamair oícheanta ar bhántaibh Párthais
ag ithe úll is spíonán is róiseanna
laistiar dár gcluasa, ag rá amhrán
timpeall tinte cnámh na ngadaithe,
ag ól is ag rangás le mairnéalaigh agus robálaithe
is táimid damanta, a dheirféaracha.

Níor chuireamair cliath ar stoca
níor chíoramair, níor shlámamair,
níor thuigeamair de bhanlámhaibh
ach an ceann atá ins na Flaithis in airde.
B'fhearr linn ár mbróga a chaitheamh dínn ar bharra taoide
is rince aonair a dhéanamh ar an ngaineamh fliuch
is port an phíobaire ag teacht aniar chughainn
ar ghaotha fiala an Earraigh, ná bheith fanta
istigh age baile ag déanamh tae láidir d'fhearaibh,
is táimid damanta, a dheirféaracha.

Beidh ár súile ag na péisteanna
is ár mbéala ag na portáin,
is tabharfar fós ár n-aenna
le n-ithe do mhadraí na mbailte fearainn.
Stracfar an ghruaig dár gceannaibh
is bainfear an fheoil dár gcnámha

WE ARE DAMNED, MY SISTERS

We are damned, my sisters,
we who swam at night
on beaches, with the stars
laughing with us
phosphoresence about us
we shrieking with delight
with the coldness of the tide
without shifts or dresses
as innocent as infants.
We are damned, my sisters.

We are damned, my sisters,
we who accepted the priests' challenge
our kindred's challenge: who ate from destiny's dish
who have knowledge of good and evil
who are no longer concerned.
We spent nights in Eden's fields
eating apples, gooseberries; roses
behind our ears, singing songs
around the gipsy bon-fires
drinking and romping with sailors and robbers:
and so we're damned, my sisters.

We didn't darn stockings
we didn't comb or tease
we knew nothing of handmaidens
except the one in high Heaven.
We preferred to be shoeless by the tide
dancing singly on the wet sand
the piper's tune coming to us
on the kind Spring wind, than to be
indoors making strong tea for the men —
and so we're damned, my sisters!

Our eyes will go to the worms
our lips to the clawed crabs
and our livers will be given
as food to the parish dogs.
The hair will be torn from our heads
the flesh flayed from our bones.

geofar síolta úll is craiceann spíonán
i measc rianta ár gcuid urlacan
nuair a bheimid damanta, a dheirféaracha.

They'll find apple seeds and gooseberry skins
in the remains of our vomit
when we are damned, my sisters.

MISE AN FIA

"Mise an fia is féach cé leanfaidh mé,"
a deireann an giorria,
leath di ina hór is leath ina hairgead
maidin Lae Bealtaine.

Éiríonn an fhuil uasal in uachtar 'na leac ionat,
téann tú ina diaidh.
Tugann tú leat do chú, do sheabhac, t'each.
Beireann tú ar an ngaoth romhat

is ní bheireann an ghaoth atá i do dhiaidh ort.
Téann an láir bhán faoi scáth na cupóige,
teitheann an chupóg óna scáth,
téann an madra gearra isteach abhaile

is an mada rua chun a phluais féin,
ní nach locht ar an maidrín macánta.
Leanann tú an giorria isteach i liosachán
is níl éinne istigh romhat

ach seanbhean chríonna caite sa chúinne
a deireann nára theacht i do shaol is i do shláinte chughat.
"An bhfeacaís aon ghiorria ag teacht isteach anois?"
"Chonaic; tá sí thíos sa tseomra.

Raghfainn síos ann is thabharfainn liom í
mura mbeadh eagla orm roimh do chuid ainmhithe.
Seo trí ribe de mo chuid gruaige
is caith ribe ar gach ceann acu

is beidh siad ceangailte, ansan cabhród leat."
Deineann tú rud uirthi.
Téann sí síos 'on seomra gan mhoill
is tagann sí aníos arís.

Tá iongnaí fada uirthi déanta de stíl,
tá seacht bpunt cruaidhe i mbarra gach iongan acu.
Tugann sí faoi tú a scrabhadh ó bhathas go sál
is leagann sí go talamh tú.

"Cabhair, cabhair, a chapaill, a chú, a sheabhaic,"
a bhéiceann tú ar t'ainmhithe.
"Ceangail, ceangail a ribe," arsan tseanachailleach
is bíonn siad ceangailte.

I AM A DEER

"I am a deer and who will follow me!"
that's what the hare said
half of her gold, half of her silver
on May Day morning.

The noble blood pounds inside you
and you pursue her
with horse and hawk and hound.
You take to the wind

and the wind does not hinder you.
The white mare shelters in dock leaves
the dock leaves flee from *that* shadow
the terrier runs away home

the fox makes for his den
no fault on the honest canine.
You follow the hare to a fairy fort
but there's no one there before you

but an ancient crone
who wishes you neither life nor health.
"Did you see a hare come in here?"
"I did: she's below in the room."

"I'd go down and bring her up
only I'm afraid of your animals.
Here's three ribs of my hair —
put a rib on each one:

they'll be haltered — then I'll help you."
You do that for her.
She goes to the room at once
and comes back again.

Now her finger-nails are steel
seven pounds of metal weight
she starts to tear you all
and knocks you to the ground.

"Help me, horse and hawk!"
you scream to your animals.
"Hold them, hold them, hairs!"
and the hairs hold them.

Stracann sí is stolann sí ó thalamh tú
go mbíonn tú marbh aici.
Buaileann sí lena slaitín draíochta na hainmhithe
is deineann bulláin scáil le hais an dorais dóibh.

Ach ná dein mairg mar níl aon bhaol ort,
ná dearmad go bhfuil deartháir agat.
Tá sé ciardhubh dubh in ionad do chuid finneacht
ach thairis sin is maith an té a d'aithneodh thar a chéile sibh.

Tógfaidh sé an geitire as an mbínsín luachra
tar éis lae is bliana
is chífidh sé na trí braonta fola in ionad na meala
is tuigfidh sé go bhfuil deireadh leat.

Leanfaidh sé an fia go dtí an liosachán
maidin Lae Bealtaine.
Buailfidh sé stiall dá chlaíomh ar a cliathán
is bainfidh sé stéig aisti.

Geobhaidh sé an chailleach istigh sa bhothán
is fuil ina slaodaibh síos léi,
aithneoidh sé gurb í an giorria í
is nach aon iontaoibh í.

Nuair a thabharfaidh sí dó na ribí
caithfidh sé 'on tine iad,
Déarfaidh sé gur gráinne salainn a bhí aige
faoi ndeara an cnagadh a chloiseann sí.

Raghaidh sí síos is tiocfaidh sí aníos
is na hiongnaí stíl uirthi.
Tabharfaidh sí faoi é a scrabhadh is a scríobadh
ach, faríor, beidh thiar uirthi.

"Cabhair, cabhair, a chapaill, a chú, a sheabhaic."
"Ceangail, ceangail, a ribe," a déarfaidh sí.
"Cheanglóinn cheana," a déarfaidh an ribe,
"ach mo thóin a bheith 'on tine áit a bhfuilim.

is boladh an dóite uaim." Béarfaidh an chú
ar a leathcheathrú. Bainfidh an seabhac an tsúil aisti.
Buailfidh an t-each í le gach aon speach
is bainfidh sé an mheabhair aisti.

She rips and tears you from the ground
and you are dead.
She taps the creatures with her wand
and they turn into standing stones.

But don't panic — there's no danger:
don't forget you have a brother,
black black hair unlike your blondeness —
other than that, he's your double.

He takes a rush from a clump of rushes
a day and a year later —
sees three drops of blood there instead of honey
and knows you're finished.

He follows the hare to the fairy fort
a May Day morning
slashes her flank with his sword,
and cuts a slice off her.

He finds the hag in her hovel
blood in floods from her —
he knows she was the hare
he knows she's devious.

When she gives him the ribs of hair
he throws them on the fire
and says the reason he called
was to borrow some salt.

She goes to the room and comes back again.
Now her fingernails are steel.
She starts to scratch and tear him —
but this time she'll be bested.

"Help me, horse, hound and hawk!"
"Hold them, hold them, hairs!"
"Indeed we hold them," said the hairs,
"but our arse is in the fire

and we smell of scorching!" The hound
grabs her haunch, hawk rips out her eyes.
The horse with her hooves
kicks her unconscious.

Ansan teascfaidh an gaiscíoch an ceann den tseanachailleach
lena lann leadartha líofa
go bhfuil faobhar, fadhairt, is fulag inti
is slánóidh sé tú le buille dá shlaitín draíochta.

Then the hero chops her head off
with his smiting, polished blade
with his sharp, tempered punishing blade
and saves you with a tap of the magic wand.

NI FÉIDIR LIOM LUI ANSEO NIOS MÓ

Ní féidir liom luí anseo níos mó
i do bholadh
tú béal faoi ar an bpiliúr
i do chodladh
do lámh go neafaiseach
thar mo chromán
faoi mar ba chuma leat sa deireadh
mé bheith as nó ann.

Ní hé d'easpa suime
a chuireann orm
ná cuimhní samhraidh aoibhinn
ag briseadh tharam
ní hé an próca bláth ag barr na leapa
a chuireann ar meisce mé
ach boladh do cholainne,
meascán fola is cré.

Éireod as an leaba
is cuirfead orm.
Goidfead do chuid eochracha
as do dhorn
is tiománfad chun na cathrach.
Amárach ar a naoi
gheobhair glaoch gutháin
á rá cár féidir leat dul
ag triall ar do ghluaisteán

ach ní féidir liom luí anseo níos mó
i do bholadh
nó titfidh mé i ngrá leat, b'fhéidir.

I CANNOT LIE HERE

I cannot lie here anymore
in your aroma —
with your pillowed mouth
asnore,
your idle hand
across my hip
not really caring
whether I exist.

I'm not upset
because you ignore me
nor because our happy summer
washes over me —
it's not the bedside flowers
that intoxicate
but your body your aroma,
a blend of blood and earth.

I'll get up from the bed
and put on my clothes
and leave with the carkeys
from your fist stolen
and drive to the city.

At nine tomorrow
you'll get a call
telling you where to go
to pick up your car —
but I cannot lie here anymore
where your aroma laps —
because I'll fall in love with you,
(perhaps)

VENIO EX ORIENTE

Tugaim liom spíosraí an Oirthir
is rúin na mbasár
is cúmhráin na hAráibe
ná gealfaidh do láimhín bán.

Tá henna i m'chuid ghruaige
is péarlaí ar mo bhráid
is tá cróca meala na bhfothach
faoi cheilt i m'imleacán.

Ach tá mus eile ar mo cholainnse,
boladh na meala ó Imleacht Shlat
go mbíonn blas mísmín is móna uirthi
is gur dorcha a dath.

VENIO EX ORIENTE

Eastern spices I bring with me,
and from bazaars, a mystery:
and perfumes from Arabic land
would not make bright your small white hand.

My hair is henna-brown
and pearls from my neck hang down
and my navel here conceals
vials of the honey of wild bees.

But my body breathes another musk
that smells of wild mint and turf:
scent of honey from an ancient hill
that has darkness in its tint.

AN RIBE RUAINNI

Scéal a léas i leabhar
i dtaobh banphrionsa
a chonaic i dtaibhreamh
go raibh sí pósta le habhac

is go raibh ribe rua ruainní
mar chomhartha pósta
dlúthcheangailte dá méar
i bhfáinne buan.

Dúisíonn sí is cith
fuarallais tríthi.
Beireann sí buíochas le Dia
ná fuil sé fíor

is nach bhfuil sa scéal uafáis
ach fuíoll drochthaibhrimh,
ach nuair a fhéachann síos tá an fáinne
ar méar a láimhe clé.

Mise a dhúisíonn maidineacha
as tromluíthe.
Tá an ribe ruainní
ar mo mhéar.

"Cabhair, cabhair, a mhéir,"
ba mhaith liom scréachach.
"Fáisc, fáisc, a ribe,"
a deir an t-abhac.

THE STRAND OF HAIR

In a book I read a tale
of a princess
who saw in a dream
she married a dwarf

and a strand of red hair
as marriage token
tightly wrapped her finger —
an eternity ring.

She wakes bathed
in a shower of cold sweat
She gives thanks to God
it isn't true — yet.

And that this terror-tale
is just a bad dream's dregs
but when she looks the ring
is on her marriage finger.

It is I who wake mornings
from nightmares —
There's a hair-strand
on my finger.

"Help me, help me, finger!"
I would like to scream.
"Squeeze, squeeze, strand!"
the dwarf says to me.

DÚIL

An fear
lena mhealbhóg
ag cur ocrais orm;
na torthaí úra
fém' shúile
ag tarrac súlach
óm' cheathrúna
is an smuasach
as croí mo chnámha;
ag lagú
mo ghlúine
   go dtitim.
     oop-la!
     barrathuisle,
     Mór ar lár.

DÚIL

"This man
with his hamper
makes me hungry,
his fresh fruits
before my eyes
drawing juice
from my thighs
and marrow
from my very joints
weakening my knees
to falling-point."

Oop-la!
She stumbles.
Mór is down.

MÓR GORAI

Táimse á rá leat,
a Mhóir mhíchuibhseach,
go dtiocfaidh naithreacha uaithne
amach as do bholg
má fhanann tú ar gor
ar nimh na haithne
lá níos faide.

Cnuasaigh chugat isteach
mar bheach
na huaireanta chloig a osclaíonn amach
fén ngréin rinn-ghathach;
aibíonn siad sa teas.
Bailigh iad
is dein díobh
        laetha meala.

MÓR HATCHING

I'm telling you,
unruly Mór,
that green snakes
will emanate from your womb
if you stay hatching
out this poisoned kernel
one day more.

Gather to your self,
like a bee,
the hours that are blossoming
in the sun's sharp sting:
they ripen in the heat.

Gather them —
from them create
honeyed days.

TEIST DHONNCHA DI AR MHÓR

Do sheas sí lomnocht
sa doircheacht.
a basa fuara — iasc gealúr —
ar mo ghuailne
a cromáin — tine ghealáin
faoi dhá ré a bruinne.

Thomas mo cheann
i bhfeamnach a gruaige;
bhí tonn ghoirt na sáile
am' bualadh, am' shuathadh;
ár gcapaill bhána ag donnú
ina bhfrancaigh mhóra.
gach aon ní ina chorcra.

Nuair a dhúisíos ar maidin bhí tinneas cinn orm.
Thugas fé ndeara
go raibh gainní an liathbhuí ag clúdach a colainne.
Bhí fiacla lofa an duibheagáin
ag drannadh orm.
Sea, thógas mo chip is mo mheanaithe
is theitheas liom.

DONNCHA DI'S TESTIMONY

She stood naked
in the dark,
her palms cold
like luminous fish
on my shoulders:
her hips
flashing fire
beneath the two moons
of her breasts.
   I sank my head
   in her sea-weed hair
   and bitter waves of sea
   bruised and battered me,
   our white-horse waves
   rusted to rats:
   all became empurpled.
In the morning waking
my head aching
I saw sallow scales encrusted her
and rotten teeth from the abyss
snarled at me and hissed.
I took my awl and last
and left the place fast!

MÓR CRÁITE

Tá Mór go dlúth fé ghlas
ina meabhairín bheag fhéin; 3"/4"/2"
ábhar liath is bán —

dearg (a bhíonn na créachta
a bháthann leath na gcuileanna
faid is a dheineann an leath eile a mbiaiste
ar fheoil na n-imeall)

'Éistíg', in ainm Dé,' ar sise leis na préacháin
is cabairí an Daingin a thagann san iarnóin
ag suathadh a mbolg.

'Tá na héinne dúnta isteach
ina ifreann féinín féin.'
Scaipeann na mion-éin
nuair a chuireann sí scrabhadh scraith
lastuas dóibh.

MÓR ANGUISHED

Mór, firmly under lock and key
in her own tiny mind
(2" x 4" x 3")
of grey, pinkish stuff
(here be the wounds
that drown the flies
while other flies survive
to make their maggots
on the carrion fringe).

"Listen, in God's name," she begs
the magpies and the crows
that come at evening
to upset their guts,
"every one's enclosed
in their own tiny hells."

The small birds
scatter and spread
when she flings up at them
a sod of earth.

PÓG

Do phóg fear eile mé
i lár mo bheola,
do chuir sé a theanga
isteach i mo bhéal.
Níor bhraitheas faic.
Dúrt leis
"Téir abhaile, a dheartháirín,
tán tú ólta
is tá do bhean thall sa doras
ag fanacht."

Ach nuair a chuimhním
ar do phógsa
critheann mo chromáin
is imíonn
a bhfuil eatarthu
ina lacht.

KISS

Straight on my mouth
another man's kiss.
He put his tongue
between my lips.
I was numb
and said to him
"Little man, go home
you're drunk
your wife waits at the door."

But when I recall
your kiss
I shake, and all
that lies
between my hips
liquifies
to milk.

MÁTHAIR

Do thugais dom gúna
is thógais arís é;
do thugais dom capall
a dhíolais i m'éagmais;
do thugais dom cláirseach
is d'iarrais thar n-ais é;
do thugais dom beatha.

Féile Uí Bhriain
is a dhá shúil ina dhiaidh.

Cad déarfá
dá stracfainn an gúna?
dá mbáfainn an capall?
dá scriosfainn an chláirseach
ag tachtadh sreanga an aoibhnis
is sreanga na beatha?
dá shiúlfainn le haill
thar imeall Cuas Cromtha?
ach tá's agam do fhreagra, —
le d'aigne mheánaoiseach
d'fhógrófá marbh mé,
is ar cháipéisí leighis
do scríobhfaí na focail
mí-bhuíoch, scitsifréineach.

MOTHER

You gave me a dress
and then took it back from me.
You gave me a horse
which you sold in my absence.
You gave me a harp
and then asked me back for it.
And you gave me life.

At the miser's dinner-party
every bite is counted.

What would you say
if I tore the dress
if I drowned the horse
if I broke the harp
if I choked the strings
the strings of life?
Even if
I walked off a cliff?
I know your answer.

With your medieval mind
you'd announce me dead
and on the medical reports
you'd write the words
"ingrate, schizophrenic".

ATHCHUAIRT AR VALPARAISO

Chuamar go Vaparaiso
scaoileamar an téad sa chuan,
fuaireamar, faoi shleasa Andes,
cathair ghléineach, tír na mbua.

ach laistigh de chúpla lá
thosnaigh an bolcán múchta
Popocatapetl
ag glanadh a scornaigh ifreanda
is ag rúscadh lasracha anuas orainn.

Chromas chun aibhleog
a ghlanadh de mo sciorta,
bhí spréanna teo ag titim orainn
mar chloichshneachta.

Ritheamar i gcoinne an tuile daoine
ag cuardach mo linbh
ach bhí mo leanbh slán
is ar thaobh na fothana.

Idir na tithe beaga
d'eascair an amhailt,
bláth mar lile.
Ní lile bhán Naomh Iósaif
ach lile bhreac an tíogair
a fhásann i bhforaoiseacha
tonntaoscach, rúndiamhair.

Is shiúlamar i dtriúr isteach i lár an bhlátha
Is mhúch an seirglile seo an ghrian orainn.

VALPARAISO REVISITED

We sailed to Valparaiso
and tied up at the quay
we found beneath the Andes
lucky land, shining city.

But after two days
Popocatapetl woke
(an extinct volcano)
and clearing its hellish throat
on us vomited flames.

I bent to clean
a cinder from my shirt.
Hot sparks like hailstones
fell on us.

We ran against the human flood
searching for my child —
and my child was safe
on a sheltered hill-side.

Over the small houses
Nemesis swelled
like a lily-flower —
not like St Joseph's, white
but a tiger-lily, speckled
that grows in the forest
and causes strange *mal-de-mer*.

And we, three, walked to the flower's heart.
The withered lily quenched our sun.

SCÉALA

Do chuimhnigh sí
go deireadh thiar
ar scáil an aingil
sa teampall,
cleitearnach sciathán
ina timpeall;
is dúiseacht le dord colúr
is stealladh ga gréine
ar fhallaí aolcloch
an lá a fuair sí an scéala.

É siúd
d'imigh
is n'fheadar ar chuimhnigh riamh
ar cad a d'eascair
óna cheathrúna,
dhá mhíle bliain
d'iompar croise
de dhóiteán is deatach,
de chlampar chomh hard
le spící na Vatacáine.

Ó, a mhaighdean rócheansa,
nár chuala trácht ar éinne riamh
ag teacht chughat sa doircheacht
cosnocht, déadgheal
is a shúile lán de rógaireacht.

ANNUNCIATIONS

She remembered to the very end
the angelic vision
in the temple:
the flutter of wings
about her —
noting the noise of doves,
sun-rays raining
on lime-white walls —
the day she got the tidings.

He —
he went away
and perhaps forgot
what grew from his loins —
two thousand years
of carrying a cross
two thousand years
of smoke and fire
of rows that reached a greater span
than all the spires of the Vatican.

Remember
o most tender virgin Mary
that never was it known
that a man came to you
in the darkness alone,
his feet bare, his teeth white
and roguery swelling in his eyes.

NA SCEANA FEOLA

Is tusa an bhanphrionsa
a éalaíonn amach as tigh a hathar
i lár an fhéasta.
Tugann tú leat
na sceana feola éabharláimhe
mar uirlis chosanta, b'fhéidir,
ar do aistear.

Cuireann tú iachall ar an mbeirt
cailín coimhdeachta
atá óg, rua agus ina gcúpla
tomadh san uisce
gan éadach, faoi bhun droichid
agus fanacht,
faid is a théann tú ar aghaidh
go tigh do ghrá ghil.

Baineann tú díot t'fhallaing
is téann tú ag snámh sa loch
ach chím ón uaireadóir
go bhfuil an t-am suas
agus é leathuair thairis,
is go gcaithfimid filleadh
sula dtugann an rí, t'athair, faoi deara
gan sinn a bheith i láthair
nó go mbeadh gnó aige do na sceana
chun an fheoil a ghearradh.

Cuireann tú ort is fillimid
ach ag an ngeata
chím go bhfuil na sceana
éabharláimhe
fágtha inár ndiaidh againn.
Téim thar n-ais á gcuardach, b'fhéidir.

THE MEAT KNIVES

You are the princess
who creeps from her father's house
at the feast's height.
You take with you
the meat-knives,
knives with ivory handles
for protection, perhaps,
on your wanderings.

You order your two
ladies-in-waiting
(who are two red-haired twins)
to dive in the water
naked, under a bridge,
and to wait,
while you go ahead
to your darling's place.

You take off your cloak
and swim in the lake
but I see from the dial
that we have overstayed
and we'll have to return
before the king (your father) finds
that we are absent
and he wants the knives
to carve the meat.

You dress, and we return.
But just at the gate
I remember we've forgotten
the meat-knives
(handles with ivory inset).
Do I go back and search?

AN CUAIRTEOIR

I gcontráth lag na hoíche is an spéir
lán de chlisiam modartha na ndruid
lonnaithe ina dtreibheanna sna crainn pobail; an t-aer
á thachtadh fós le masmas an lae mheala,
tá cuairteoir ag mo dhoras-sa gan choinne.

'A Dhé dhílis, dé do bheatha,
fág uait do Choróin Spíne is do Chrois,
druid suas i dtreo na tine is bí id' shuí,
dein do chuid féin den tigh is lig do scíth,
fearaim na céadta fáilte romhat, a Rí.'

Ach breathnaíonn tú gan aird mo chuidse focal
is tá do lámh láidir tharam anall
is fáisceann tú gan trua an dé deiridh asam
is ní fhanann puth anála im' scámhóg.

Anois táim nochta ag teacht id' láthair
mo chíocha ina liobar is mo chom rórighin
ní fiú mé go dtiocfá faoi mo choinne,
ná scaoilfeá tharam an chailís seo, a Chríost?

THE VISITOR

The night-dusk waning and the sky
confused with gloomy starling noise
settled in tribes on public trees: the air
still choked with the nausea of a lovely day —
and an unexpected visitor calls on me.

"You're welcome here, my Lord,
uncross, uncrown yourself of thorns:
shove up to the fire and sit yourself,
make yourself at home and rest.
My King, I garland you with welcoming."

But you take no notice of my talk
and your strong hand clasps me
and you squeeze out my last gasp
and the last puffs in my lungs collapse.

And now I stand naked before you,
my belly swells, my breasts are slack:
Domine non sum dignus —
Christ! Let this chalice pass!

BREITH ANABAI THAR LEAR

Luaimnigh do shíol i mo bhroinn,
d'fháiltíos roimh do bhreith.
Dúrt go dtógfainn go cáiréiseach thú
de réir gnása mo nuamhuintire.

An leabhar beannaithe faoi do philiúr
arán is snáthaid i do chliabhán,
léine t'athar anuas ort
is ag do cheann an scuab urláir.

Bhí mo shonas
ag cur thar maoil
go dtí sa deireadh
gur bhris na bainc
is sceith
frog deich seachtainí;
ní mar a shíltear a bhí.

Is anois le teacht na Márta
is an bhreith a bhí
le bheith i ndán duit
cuireann ribíní bána na taoide
do bhindealáin i gcuimhne dom,
tointe fada na hóinsí.

Is ní raghad
ag féachaint linbh
nuabheirthe mo dhlúthcharad
ar eagla mo shúil mhillteach
do luí air le formad.

MISCARRIAGE ABROAD

You, embryo, moved in me —
I welcomed your emerging
I said I'd rear you carefully
in the manner of my new people —

under your pillow the holy book,
in your cot, bread and a needle:
your father's shirt as an eiderdown
at your head a brush for sweeping.

I was brimming
with happiness
until the dykes broke
and out was swept
a ten-weeks frog —
"the best-laid schemes . . ."

And now it's March
your birthday that never was —
and white ribbons of tide
remind me of baby-clothes,
an imbecile's tangled threads.

And I will not go to see
my best friend's new born child
because of the jealousy
that stares from my evil eye.

AN MHAIGHDEAN MHARA

'Lag trá,' a dúrt,
'ní miste don taoide casadh
is an fásach gainimhe seo a chlúdach,
líonadh thar bairnigh ar charraigeacha
thar dúlamán ag triomú gan uisce;
ribíní chomh seirgthe le pár
is cac na bpiastaí trá ag cur conséit orm.'

Tuille agus trá
tuille agus trá
tuille agus trá agus tuille arís, a cheapas.
Tá gach aon rud chomh holc anois
nach féidir leis éirí níos measa.
ach 'tá slite againn chun tú a chur ag caint'
á chlos agam i dtuin Gestapo;
imíonn an t-uisce síos is síos
is ní thagann aon taoide i m'aice.

Má tá eireaball éisc féin orm
nílim gan dathúlacht éigin.
Tá mo ghruaig fada is buí
is tá loinnir óm' ghainní
ná chífeá riamh ag mná mhíntíre.
Dath na gcloch an tsúil acu
ach féach go cúramach isteach
im' mhogailse
is chífir an burdán fearna
is róinte groí
ag macnas
im' mhac imreasán.

Ní gan pian
a thángas aníos
ar thalamh.
Do bhriseas
an slabhra réamhordaithe,
do mhalairtíos snámh
ar luail cos,
ag priocadh liom
ar nós na gcuirliún.
Creid uaim gur grá, ní Dia,
a dhein é a ordú.

THE MERMAID

"Ebbtide" I said,
"the tide will have to turn
and cover this waste of sand,
pour over limpets on rocks
over wrack drying waterless
(ribbons like withered vellum)
because the lugworms' faeces
makes me nauseous."

Floodtide ebbtide
floodtide ebbtide
rise and fall
rise and fall
the same again.
Everything's so bad now
it can't get worse
but "we have ways of making you talk"
I hear in Gestapo accents
(water goes down and down
but no tide nears me).

Though I've got a fishes tail
I'm not unbeautiful:
my hair is long and yellow
and there's a shine from my scales
you won't see on landlocked women.
Their eyes are like the stones
but look into these eyes of mine
and you will see the sturgeon
and you will see fine seals
gambolling in my pupils.

Not without pain
have I landed:
I broke
the natural law.
I swapped swimming
for walking on earth,
picking my steps
like a curlew.
Believe you me
it was love, not God,
who gave the order.

D'imís
is thógais leat mo chaipín draíochta.
Níl sé chomh furast orm teacht air,
is a bhí sa scéal
i measc cearachaillí an díona.
Tá's agam;
dheineas tocailt síos 'dtí an gaíon
is níl aon rian do.
Theip an taoide orainn chomh maith
is tá francach ag cogaint na gréine.

You left
and took my magic cap.
It's not as easy to get back
in the roof's rafters
as it was in the fable.
I dug to the subsoil
and saw no sign of it.
The tide also fails us
and a rat
gnaws at the very sun.

MANACH

Tusa Naomh Antaine,
nó Céile Dé,
suite ar charraig
ar Sceilg Mhichíl.
Ciúnaíonn fíor mo chroise
an fharraige is an ghaoth.
Tá do lámha lán d'fhuiseoga.

Mise Temptation,
aithníonn tú mé.
Uaireanta is Éabha,
uaireanta is nathair nimhe mé.
Éirím chun t'aigne
i lár an lae ghléighil ghlé.
Soilsím mar ghrian in úllghort.

Is ní chun do chráite
a éirím gach lá,
ach chun do bháite
faoi leáspairtí grá.
Léim gaiscígh i bhFlaitheas
de dhroim dhroichead Scáthaigh
faoi deara dhom triall riamh ort
a apstail, a mhanaigh.

MONK

You are St Anthony
or some other saint
sitting in your rocky
hermitage.
You make the sign of the cross —
wind and sea no longer toss.
Your hands are full of larks.

I am Temptation.
You know me.
Sometimes I'm Eve,
sometimes the snake:
I slide into your reverie
in the middle of brightest day.
I shine like the sun in an orchard.

But its not to torment you
every day I rise —
but to drown you
in love's delights.
I'm a dead hero leaping
from the edge of the bridge of fear —
That's the only reason I haunt you:
my monk, my apostle, my priest.

AN OLLMHÁTHAIR MHÓR

Maighdean is máthair, a bhuime, a bhuama adamhaigh,
tálfaidh tú orainn leacht ciardhubh do bhainne cín;
brúchtfaidh tú deannach an bholcáin aníos ó do scornach;
rúscfaidh tú boladh an dóite ó íochtar do chroí.

Is fada atáimid ar fán ó do dhlúthbharróg chraosach.
Aingil an uabhair sinn, thógamair túr Bábil
le cabhair na heolaíochta, do phreabamair ins na spéarthaibh
de léim, de thruslóg, de chosabacóid is níl

buataisí seacht léige ár gcoinsiasa i ndon coinneáil suas linn;
abhaic sinn in iompar, leanaí loitithe ag cur geáitsí
is cumaí daoine fásta orthu; ainmhithe sinn i mbréagriocht.
Ins an tigh amhas seo níl slacht ar ár ngníomhartha ná críoch.

Tá sciorta det fhallaing le feiscint ag íor na spéire.
Fillfidh tú orainn do chóta mór graoi den gcréafóig;
múchfar le póga sinn, fliuchfar le deora géara
na báistí searbha, a ghrúdamair féin dúinn féin.

GREAT MOTHER

Maiden and mother, oh nurse, oh atom bomb,
you will spurt on us the black liquid milk,
volcano dust will burst from your throat
from your heart the burnt smell be stripped.

We have avoided your gluttonous embrace:
arrogant angels, we built our tower of Babel
with the help of science: we leapt into the skies
with a hop and a skip and a gambol.

The seven-league boots of conscience can't keep up,
dwarfs in motion, spoilt brats apeing
adult behaviour — animals in disguise.
In this unruly house our acts have neither finish nor *finesse*.

The fringe of your cloak is on the horizon:
you will wrap us in *your* great-coat of clay,
we'll be extinguished with kisses, drenched with bitter tears
of acid rain — our own home-brewed rain.

FUADACH

Do shiúl bean an leasa
isteach im dhán.
Níor dhún sí doras ann.
Níor iarr sí cead.
Ní ligfeadh fios mo bhéasa dhom
í a chur amach arís
is d'imríos cleas bhean an doichill uirthi,
dúrt:

"Fan má tá deithneas ort,
is ar ndóigh, tá.
Suigh suas chun na tine,
ith is ól do shá
ach dá mbeinnse id thi'-se
mar taoi-se im thi'-se
d'imeoinn abhaile
ach mar sin féin fan go lá."

Rud a dhein. D'éirigh sí is bhí ag gnó
ar fuaid an tí. Chóraigh na leapacha,
nigh na háraistí. Chuir na héadaí
salacha sa mheaisín níocháin.
Nuair a tháinig m'fhear céile
abhaile chun an tae
n'fheadar sé na gurb í mise a bhí aige.

Ach táimse i bpáirc an leasa
i ndoircheacht bhuan.
Táim leata leis an bhfuacht ann,
níl orm ach gúna fionnacheoigh.
Is más áil leis mé a bheith aige
tá a réiteach le fáil —
faigheadh sé soc breá céachta
is é a smearadh le him
is é a dheargadh sa tine.

Ansan téadh sé 'on leabaidh
mar a bhfuil an bhean mheallaidh
is bíodh an soc aige á theannadh léi.
"Sáigh suas lena pus é,
dóigh is loisc í,

ABDUCTION

The fairy woman walked
into my poem.
She closed no door
She asked no by-your-leave.
Knowing my place
I did not tell her go.
I played the woman-of-no-welcomes trick
and said:

"What's your hurry, here's your hat.
Pull up to the fire,
eat and drink what you get —
but if I were in your house
as you are in my house
I'd go home straight away
but anyway, stay."

She stayed. Got up and pottered
round the house. Dressed the beds
washed the ware. Put the dirty clothes
in the washing-machine.
When my husband came home for his tea
he didn't know what he had wasn't me.

For I am in the fairy field
in lasting darkness
and frozen with the cold there
dressed only in white mist.
And if he wants me back
there is a solution —
get the sock of a plough
smear it with butter
and redden it with fire.

And then let him go to the bed
where lies the succubus
and press her with red iron.
"Push it into her face,
burn and brand her,

is faid a bheidh sí siúd ag imeacht
beadsa ag teacht,
faid a bheidh sí ag imeacht
beadsa ag teacht."

and as she fades before your eyes
I'll materialise
and as she fades before your eyes
I'll materialise."

GEASA

Má chuirim aon lámh ar an dtearmann beannaithe,
má thógaim droichead thar an abhainn,
gach a mbíonn tógtha isló ages na ceardaithe
bíonn sé leagtha ar maidin romham.

Tagann aníos an abhainn istoíche bád
is bean ina seasamh inti.
Tá coinneal ar lasadh ina súil is ina lámha.
Tá dhá mhaide rámha aici.

Tarraigíonn sí amach paca cártaí
"An imreófá breith?", a deireann sí
Imrímid is buann sí orm de shíor
is cuireann sí de cheist, de bhreith is de mhórualach orm

gan an tarna béile a ithe in aon tigh,
ná an tarna oíche a chaitheamh faoi aon díon,
gan dhá shraic chodlata a dhéanamh ar aon leaba
go bhfaighead í. Nuair a fhiafraím di cá mbíonn sí

"Dá mba siar é soir," a deireann sí, "dá mba soir é siar."
Imíonn sí léi agus splancacha tintrí léi
is fágtar ansan mé ar an bport.
Tá an dá choinneal fós ar lasadh le mo thaobh.

D'fhág sí na maidí rámha agam.

TABOOS

If I put my hand on holy ground
if I built a river bridge
all built by day by craftsmen
is felled on me by morning.

Up the river a nocturnal boat:
a woman stands in it,
candles alight in her eyes, her hands.
She has two oars.

She takes out a pack of cards.
She asks: "Will you play forfeits?"
We play. She wins each game
and sets me this problem, this forfeit, this load:

never to eat two meals in one house
never to stay two nights under one roof
never to sleep twice in one bed —
until I have found her again. I asked her where she'd be.

"If it's east I am, it's west, if it's west I am, it's east."
Off with her in lightning flashes
and I am left on the bank.
The two candles still light by my side.
She left me the two oars.

DINNÉAR NA NOLLAG

Tá béile mór na Nollag thart.
Bhíothars go fial flaithiúil orainn á scaipeadh.
Itheadh le faobhar is floscadh súp soilire,
turcaí, bágún, píóga is anois "mince tarts".
Ár mboilg lán, ár gcnámha ag lorg suaimhnis,
suímid scaithimhín eile thart faoin mbord.
Scaipeann coinneal na Nollag a sholaisín caol orainn
is lasann caortha craorag' an chuilinn go seoigh.

Comhairím a bhfuil i láthair. Táimid go léir ann
ó b'annamh dúinn bheith anois ar aon láthair amháin.
Tá na gearrcaigh óga le fada scaipthe
i mbun a gcuid neadracha féin; is í seo athchuaird an tseanáil.
Is déarfá go rabhais iata i gcás na n-éan teochreasa
i nGairdín na nAinmhithe leis an ngeoin is an chlibirt cheart; —
úrbhéal ar chuid againn, a thuilleadh dínn síos go gunail
le deoch is meidhréis, le callaireacht is creaic.

Go hobann ta ciúineas. Tá aingil ag gabháilt treasna
an dín; sa fholús ligeann duine éigin sraoth.
Bail ó Dhia a ghuímid ar ár dteaghlach beannaithe;
brúchtann gaoth aníos ó dhuine eile, gáirimid is deirimid
cé gur galáinte suas é gur síos is fearr é.
Táimid seanchleachtaithe ar na seananathanna
is cé nach mbaineann siad puinn níos mó lenár saol
táid i gcónaí againn ar bharra na teangan.

Éiríonn mo dheartháir is téann sé chun an dorais.
Deir sé gur dóigh leis gur chuala sé cnag lasmuigh.
Ach níl éinne ann, amuigh sa doircheacht
níl duine ná deoraí, níl Críostaí Mhic an Luain.
"Dhera, saighead a bhuail do chluais, tá na daoine maithe
ag siúl na gcnoc anocht aríst ní foláir.
B'fhearra dhuit teacht isteach is an doras a dh'iamh
go tapaidh ar eagla go bhfaighimis poc," arsa fear

na gcleas inár lár, is cloisim sa rí-rá
daoine ag caint ar Naomh Mícheál Ard-Aingeal
'ár gcosaint in am an chatha is conas a chuir
an phaidir seo clabhsúr ar eagla roimis na mairbh
is leis na deamhain aeir is le sluaite uile an oilc.
Ardaím mo shúile is lasmuigh den gciorcal draíochta

CHRISTMAS DINNER

The Christmas meal is over.
We were quick to knock it back.
We lapped up celery soup with zest
turkey, bacon, pies and now, mince tarts.
Our bellies full, our bones around the table.
The Christmas candle throws its little light
and the scarlet holly berries glow.

I count those present. We're all there
(seldom now together in one place.)
The fledglings are long scattered
making their own nests — we are the old clutch.
You'd swear you were caged with the tropical birds
in the Zoo with the chirping and fluttering
some mouthing, the rest up to the gunnels
with drink and jollity, with noise and crack.

Suddenly there's silence. An angel passes over
the roof. In the quietness — a sudden sneeze.
We call God's blessing on our house.
Someone farts. We laugh and say
"Better down than up!"
We're well used to the old saws
(though they have nothing to do with our lives
They come readily to our lips).

My brother stands up, goes to the door.
He thinks he's heard a knock.
But there's no one there, out in the dark
not a soul, not a sinner, no Christian being.
"Dhera, an arrow struck your ear — the fairies
I'm sure are walking the hill.
You better come in and close the door
for fear we'll get a puck."

Said the trickster in our midst and I hear in the babble
someone speak of "St. Michael the Archangel
our protection in time of battle" and how
this prayer ends all fear of the dead
fear of demons of the air and all evil things.
I raise my eyes and outside the magic circle
I see Loki, a bow of mistletoe in his hand,

chím Loki is tá bogha drualuis aige ina láimh.
Tá sé á theannadh go mealltach leis an seanduine dall.

is é ag bladar leis gan staonadh ó fhoscadh
an chrainn daraí. Seachain, ní ar do chluais a thitfidh
an chéad saighead eile, a Bhaldar, a dheartháirín ionmhain.

He offers it beguilingly to the blind old man
waffling away from the shelter
of the oak tree. Listen, tis not your ear
the next arrow will strike, Baldor, beloved brother.

OILEÁN

Oileán is ea do chorp
i lár na mara móire.
Tá do ghéaga spréite ar bhraillín
gléigeal os farraige faoileán.

Toibreacha fíoruisce iad t'uisí
tá íochtar fola orthu is uachtar meala.
Thabharfaidís fuarán dom
i lár mo bheirfin
is deoch slánaithe
sa bhfiabhras.

Tá do dhá shúil
mar locha sléibhe
lá breá Lúnasa
nuair a bhíonn an spéir
ag glinniúint sna huiscí.
Giolcaigh scuabacha iad t'fhabhraí
ag fás faoina gciumhais.

Is dá mbeadh agam báidín
chun teacht faoi do dhéin,
báidín fionndruine,
gan barrchleite amach uirthi
ná bunchleite isteach uirthi
ach aon chleite amháin
droimeann dearg
ag déanamh ceoil
dom fhéin ar bord,

thógfainn suas
na seolta boga bána
bogóideacha; threabhfainn
trí fharraigí arda
is thiocfainn chughat
mar a luíonn tú
uaigneach, iathghlas,
oileánach.

ISLAND

Your body an island
in the great ocean.
Your limbs spread
on a bright sheet
over a sea of gulls.

Your forehead a spring well
mix of blood and honey —
it gave me a cooling drink
when I was burning
a healing drink
when I was feverish.

Your eyes
are mountain lakes
a lovely August day
when the sky
sparkles in the waters.
Flowing reeds your eyelashes
growing at their margins

And if I had a boat
to go to you
a white bronze boat
not a feather out of place on it
but one feather
red feather with white back
making music
to my self on board

I'd put up
the soft white
billowing sails: I'd plough
through high seas
and I would come
where you lie
solitary, emerald,
insular.

A LEAMHAININ

A leamhainín, a leamhainín,
tair cóngarach don dteas,
cloisim san oíche dhorcha
thú 'om thimpeallú gan sos.

Tá cleitearnach do sciathán
go sceitimeach is go grod.
Tá uafás mo chroí uaibhrigh
á bhodhradh acu.

In uain mhairbh an uaignis,
i ndoimhinéamh an anama,
is éachtach an déirc go bhfuil
neach beo eile faram.

An tine seo istigh i mo mheabhair
atá ag dul i léig,
cé gur i ndeire na smulcán a bhíonn an teas
caithfear gabháilt tríd.

Éloise is Abelard
is iad siúd a ghaibh trí phian,
ní bheidh acu aon bhreith orainn,
ní choinneoidh siad coinneal linn.

Is a leamhainín, a leamhainín,
má ghaibhimid tríd seo
déanfar dínn clocha adhmainte,
ní bháfaidh uisce sinn,
ní dhófaidh tine sinn,
ní oibreoidh faobhar airm orainn.

LITTLE MOTH

Little moth, little moth
come closer to the heat
I hear in the dark night
your endless encirclings.

Your wings' fluttering
is rapid, upsetting.
My proud heart's terror
is deafened by them.

In a dead, lonely time
in the soul's deep
it is a wondrous alms to have
a living thing beside me.

This fire in my mind
that is going out
although the cinders smoke with heat
they have to be endured.

Eloise and Abelard
had to endure their pain
but compared to us
can't hold a candle to us.

Little moth, little moth
if we can endure this
we shall be adamantine
no water will drown us
no fire will burn us
no sword will pierce us.

FÉAR SUAITHINSEACH

Fianaise an chailín i ngreim "Anorexia"

Nuair a bhís i do shagart naofa
i lár an Aifrinn, faoi do róbaí corcra
t'fhallaing lín, do stól, do chasal,
do chonnaicís m'aghaidh-se ins an slua
a bhí ag teacht chun comaoineach chughat
is thit uait an abhlainn bheannaithe.

Mise, ní dúrt aon ní ina thaobh.
Bhí náire orm.
Bhí glas ar mo bhéal.
Ach fós do luigh sé ar mo chroí
mar dhealg láibe, gur dhein sé slí
dó fhéin istigh i m'ae is im' lár
gur dhóbair go bhfaighinn bás dá bharr.

Ní fada nó gur thiteas 'on leabaidh;
oideasaí leighis do triaileadh ina gcéadtaibh,
do tháinig chugham dochtúirí, sagairt is bráithre
is n'fhéadadar mé a thabhairt chun sláinte
ach thugadar suas i seilbh bháis mé.

Is téigí amach, a fheara,
tugaíg libh rámhainn is speala
corráin, grafáin is sluaiste.
Réabaíg an seanafhothrach,
bearraíg na seacha, glanaíg an luifearnach,
an slámas fáis, an brus, an ainnise
a fhás ar thalamh bán mo thubaiste.

Is ins an ionad inar thit
an chomaoine naofa féach go mbeidh
i lár an bhiorlamais istigh
toirtín d'fhéar suaithinseach.

Tagadh an sagart is lena mhéireanna
beireadh sé go haiclí ar an gcomaoine naofa
is tugtar chugham í, ar mo theanga
leáfaidh sí, is éireod aniar sa leaba
chomh slán folláin is a bhíos is mé i mo leanbh.

MARVELLOUS GRASS

When you were a holy priest
in the middle of Mass in your purple robes
your linen mantle, your stole, your chasuble.
you saw my face in the crowd
approaching you for communion
and you dropped the blessed host.

I — I said nothing.
I was ashamed.
My lips were locked.
But still it lay on my heart
like a mud-thorn until
it penetrated my insides.
From it I nearly died.

Not long till I took to my bed:
medical experts came in hundreds
doctors, priests and friars —
not one could cure me
they abandoned me for death.

Go out, men:
take with you spades and scythes
sickles, hoes and shovels.
Ransack the ruins
cut the bushes, clear the rubble,
the rank growth, the dust, the misery
that grows on my tragic grassland.

And in the place where fell
the sacred host you will see
among the useless plants
a patch of marvellous grass.

Let the priest come and with his fingers
take dexterously the sacred host.
And it's given to me: on my tongue
it will melt and I will sit up in the bed
as healthy as I was when young.

KUNDALINI

Ná bain an leac ded chroí,
thíos faoi tá nathair nimhe
ina luí i lúba.

Éinne a thaighdeann an poll,
geobhaidh sé ina codladh ann
an ollphiast ghránna.

Éiríonn sí taobh thiar ded dhrom,
is uafar agus is géar a glam
ar fuaid na dúiche.

Caortha agus tinte teo,
coinneal a súl ag at, is ag reo
na fola i do dhearna.

Is ní cabhair duit, a Naomh Cúán,
dramhlach na mine a chur ar a ceann,
tá sí rómhór dhuit.

Is ní féidir leat dallamullóg
a chur uirthi seo mar a dheinis fadó
le cleasaíocht focal.

Atann is tagann clipí ar a drom,
d'íosfadh sí trian agus leath don domhan
gan cead ó éinne.

Cinte, ceainte tá sí ann,
go breith an bhrátha, go brách na breithe.
Amen, a thiarna.

KUNDALINI

Don't unblock your heart —
in there a serpent
lies in loops.

Who explores this cave
will find asleep
a grim Medusa.

She rises up behind you
sharp and terrible her voice
throughout the land.

Hot coals and glowing fires
her swollen candle eyes
freezing your pulse's blood.

No good, St. Cúan
putting the meal-tub on her head.
She is too tall.

And you cannot blind her eyes
as once before you did,
with punning sentences.

She swells, spines on her back:
she'd eat five-sixths of the world
without permission.

She's there indeed —
sempiternally.
!Ay! Señor — c'est la vie.

MASCULUS GIGANTICUS HIBERNICUS

Trodaire na dtriúch, fear beartaithe na miodóige,
is cuma más i "jeans" nó i do dhiabhal nóin
piocaithe feistithe i do chulaith "pinstripe"
a bhíonn tú,
is í an bheart chéanna agat í i gcónaí.

Iarsma contúirteach ón Aois Iarainn,
suíonn tú i bpubanna is beartaíonn
plean gníomhaíochta an fhill
ná filleann,
ruathar díoltais ar an bhfearann baineann.

Toisc nach leomhfaidh tú go bhféadfadh eascar
rós damascach cróndearg i gcroí do mháthar
caithfidh tú an gairdín a iompó
ina chosair easair
á phásáilt is á loit faoi do dhá spág crúb.

Is tánn tú ceáfrach, buacach, beannach;
Tá do bhuilín déanta.
Thiocfá suas ar aiteann
nó ar an bhfraoch a fhásann
ar leirgí grianmhara mná óige.

MASCULUS GIGANTICUS HIBERNICUS

Country lout, knife thrower (dagger-wielder)
whether in jeans or a devil at noon
all dolled up in your pinstriped suit
you're always after the one thing.

Dangerous relic from the Iron Age
you sit in pubs and devise
the treacherous plan
that does not recoil on you —
a vengeful incursion to female land.

Because you will not dare to halt the growth
of the dark-red damask rose in your mother's heart
you will have to turn the garden
to a trampled mess
pounded and ruined by your two broad hooves.

And you're frisky, prancing, antlered —
your bread is baked.
You'd live off the furze
or the heather that grows
on a young girl's sunny slopes.

AMHRÁN AN FHIR ÓIG

Mo dhá láimh
ar do chíocha,
do dhá nead éin,
do leaba fhlocais.
Sníonn do chneas
chomh bán le sneachta,
chomh geal le haol,
chomh mín leis an táth lín.

Searraim mo ghuaille
nuair a bhraithim
do theanga i mo phluic,
do bhéal faoi m'fhiacla.
Osclaíonn trínse
faoi shoc mo chéachta.
Nuair a shroisim bun na claise
raidim.

Mise an púca
a thagann san oíche,
an robálaí nead,
an domhaintreabhadóir.
Loitim an luachair mórthimpeall.
Tugaim do mhianach portaigh
chun míntíreachais.

YOUNG MAN'S SONG

My two hands
on your breast
your two birds' nests
your flock bed
your skin flows —
as white as snow
as bright as lime
as fine as a bunch of flax.

I stretch my shoulder
when I feel
your tongue in my cheek
your mouth beneath my teeth.
A trench is opened up
by the sock of my plough.
When I reach the furrow's end
I buck.

I am the púca
who comes in the night —
nest robber
world-plougher:
I destroy the surrounding reeds,
I reclaim your bogland.

MO GHRÁ-SA (IDIR LÚIBINI)

Níl mo ghrá-sa
mar bhláth na n-airní
a bhíonn i ngairdín
(nó ar chrann ar bith)

is má tá aon ghaol aige
le nóiníní
is as a chluasa a fhásfaidh siad
(nuair a bheidh sé ocht dtroigh síos)

ní haon ghlaise cheolmhar
iad a shúile
(táid róchóngarach dá chéile
ar an gcéad dul síos)

is más slim é síoda
tá ribí a ghruaige
(mar bhean dhubh Shakespeare)
ina WIRE deilgní.

Ach is cuma sin.
Tugann sé dom
úlla
(is nuair a bhíonn sé i ndea-ghiúmar
caora fíniúna).

MY OWN LOVE (IN BRACKETS)

My own love —
he's no sloe-blossom
in a garden
(nor on any tree)

and if he's anything to do
with daisies
it's from his ears they'll grow
(when he's eight foot under)

His eyes do not shine
like a mountain stream
(they're much too close-set
To make him a Hollywood dream)

and if silk is smooth
the hairs of his head
(like Shakespeare's Dark Lady)
are thorny wire.

But it doesn't matter.
He gives me
apples
(and when he's in good humour
he gives me grapes).

GAINEAMH SHÚRAIC

A chroí, ná lig dom is mé ag dul a chodladh
titim isteach sa phluais dhorcha.
Tá eagla orm roimh an ngaineamh shúraic,
roimh na cuasa scamhaite amach ag uisce,
áiteanna ina luíonn móin faoin dtalamh.

Thíos ann tá giúis is bogdéil ársa;
tá cnámha na bhFiann 'na luí go sámh ann
a gclaimhte gan mheirg — is cailín báite,
rópa cnáibe ar a muineál tairrice.

Tá sé anois ina lag trá rabharta,
ta gealach lán is tráigh mhór ann,
is anocht nuair a chaithfead mo shúile a dhúnadh
bíodh talamh slán, bíodh gaineamh chruaidh romham.

SNEACHTA

Níor cheol éan,
níor labhair damh,
níor bhéic tonn,
níor lig rón sceamh.

QUICKSAND

My love, don't let me, going to sleep
fall into the dark cave.
I fear the sucking sand
I fear the eager hollows in the water,
places with bogholes underground.

Down there there's ancient wood and bogdeal:
the Fianna's bones are there at rest
with rustless swords — and a drowned girl,
a noose around her neck.

Now there is a weak ebb-tide:
the moon is full, the sea will leave the land
and tonight when I close my eyes
let there be terra firma, let there be hard sand.

SNOW

No bird sang
no stag spoke
no seal roared
no wave broke

AG COTHÚ LINBH

As ceo meala an bhainne
as brothall scamallach maothail
éiríonn an ghrian de dhroim
na maolchnoc
mar ghiní óir
le cur i do ghlaic,
a stór.

Ólann tú do shá ó mo chíoch
is titeann siar i do shuan
isteach i dtaibhreamh buan,
tá gáire ar do ghnúis.
Cad tá ag gabháil trí do cheann,
tusa ná fuil
ach le coicíos ann?

An eol duit an lá ón oíche,
go bhfuil mochthráigh mhór
ag fógairt rabharta,
go bhfuil na báid
go doimhin sa bhfarraige
mar a bhfuil éisc is rónta
is míolta móra
ag teacht ar bhois is ar bhais
is ar sheacht maidí rámha orthu,

go bhfuil do bháidín ag snámh
óró sa chuan
leis na lupadáin lapadáin
muranáin maranáin,
í go slim sleamhain
ó thóin go ceann
ag cur grean na farraige
in uachtar
is cúr na farraige
in íochtar?

Orthu seo uile an bhfuilir
faoi neamhshuim?
is do dhoirne beaga
ag gabháilt ar mo chíoch.
Tánn tú ag gnúsacht le taitneamh,
ag meangadh le míchiall.

FEEDING A CHILD

From honey-dew of milking
from cloudy heat of beestings
the sun rises up the back
of bare hills,
a guinea gold
to put in your hand,
my own.

You drink your fill from my breast
and fall back asleep
into a lasting dream
laughter in your face.
What is going through your head
you who are but
a fortnight on earth?

Do you know day from night
that the great early ebb
announces spring tide?
That the boats
are on deep ocean,
where live the seals and fishes
and the great whales,
and are coming hand over hand
each by seven oars manned?
That your small boat swims
óró in the bay
with the flippered peoples
and the small sea-creatures
she slippery-sleek
from stem to bow
stirring sea-sand up
sinking sea-foam down.

Of all these things are you
ignorant?
As my breast is explored
by your small hand
you grunt with pleasure
smiling and senseless.
I look into your face child
not knowing if you know
your herd of cattle

Féachaim san aghaidh ort, a linbh,
is n'fheadar an bhfeadaraís
go bhfuil do bhólacht
ag iníor i dtalamh na bhfathach,
ag slad is ag bradaíocht,
is nach fada go gcloisfir
an "fí-faidh-fó-fum"
ag teacht thar do ghuaille aniar.

Tusa mo mhuicín a chuaigh
ar an margadh,
a d'fhan age baile,
a fuair arán agus im
is ná fuair dada.
Is mór liom de ghreim tú
agus is beag liom de dhá ghreim,
is maith liom do chuid feola
ach ní maith liom do chuid anraith.

Is cé hiad pátrúin bhunaidh
na laoch is na bhfathach
munar thusa is mise?

graze in the land of giants
trespassing and thieving
and that soon you will hear
the fee-fie-fo-fum
sounding in your ear.

You are my piggy
who went to market
who stayed at home
who got bread and butter
who got none
There's one good bite in you
but hardly two —
I like your flesh
but not the broth thereof
And who are the original patterns
of the heroes and giants
if not me and you ?

AN BHÁBÓG BHRISTE

A bhágóigín bhriste ins an tobar,
caite isteach ag leanbh ar bhogshodar
anuas le fánaidh, isteach faoi chótaí a mháthar.
Ghlac sé preab in uaigneas an chlapsolais
nuair a léim caipíní na bpúcaí peidhl chun a bhéil,
nuair a chrom na méaracáin a gceannaibh ina threo
is nuair a chuala sé uaill chiúin ón gceann cait ins an dair.
Ba dhóbair nó go dtitfeadh an t-anam beag as nuair a ghaibh
easóg thar bráid is pataire coinín aici ina béal,
na putóga ar sileadh leis ar fuaid an bhaill
is nuair a dh'eitil an sciathán leathair ins an spéir.

Theith sé go glórach is riamh ó shoin
tánn tú mar fhinné síoraí ar an ghoin
ón tsaighead a bhuail a chluais; báite sa láib
t'fhiarshúil phlaisteach oscailte de ló
is d'oíche, chíonn tú an madra rua is a hál
ag teacht go bruach na féithe raithní taobh lena bpluais
is iad ag ól a sá; tagann an broc chomh maith ann
is níonn a lapaí; sánn sé a shoc san uisce is lá
an phátrúin tagann na daoine is casann siad seacht n-uaire
ar deiseal; le gach casadh caitheann siad cloch san uisce.

Titeann na clocha beaga seo anuas ort.
Titeann, leis, na cnónna ón gcrann coill atá ar dheis
an tobair is éireoir reamhar is feasach mar bhreac
beannaithe sa draoib. Tiocfaidh an spideog bhroinndearg
de mhuinntir Shúilleabháin is lena heireabaillín
déanfaidh sí leacht meala de uiscí uachtair an tobair
is leacht fola den íochtar, fós ní bheidh corraí asat.
Taoi teanntaithe go síoraí ins an láib, do mhuineál tachtaithe
le sreanganna "lobelia". Chím do mhílí ag stánadh orm
gan tlás as gach poll snámha, as gach lochán, Ophelia.

THE BROKEN DOLL

Oh small doll in the well, broken,
thrown by a child easily ambling
downhill, to his mother's skirts.
He got a fright in the lonesome dusk
when toadstool caps jumped to his mouth
when the foxgloves nodded towards him
when he heard an owl hoot in an oaktree.
His small soul nearly left him when
a stoat passed, a fat rabbit in her teeth
(its guts spilling out around the place)
and the bat flew through the air.

He ran crying and ever since
you are eternal witness to the wound
the arrow gave his ear: drowned in mud
your ever-open plastic squint
sees the vixen and her brood
come to the tangled bracken by their swampy den
and drink their fill: the badger also comes,
licks its paws and in the water shoves his snout
and people on pattern day make seven circuits sunwise
with every turn throw pebbles in the well.

The small stones fall on you
and hazelnuts from the hazel to the right
of the well and you grow fat and wise
a sacred trout in the mire. The red robin
of the Sullivans will come and with its tail
will make liquid honey of the surface water
and liquid blood of the depths. You will not move
stuck forever in the mud
strangled by tendrils of lobelia,
I see your pallor stare at me
ungently from every swimming place and pool
Ophelia.

AN CRANN

Do tháinig bean an leasa
le Black & Decker,
do ghearr sí anuas mo chrann.
D'fhanas im óinseach ag féachaint uirthi
faid a bhearraigh sí na brainsí
ceann ar cheann.

Tháinig m'fhear céile abhaile tráthnóna.
Chonaic sé an crann.
Bhí an gomh dearg air,
ní nach ionadh. Dúirt sé
"Canathaobh nár stopais í?
nó cad is dóigh léi?
cad a cheapfadh sí
dá bhfaighinnse Black & Decker
is dul chun a tí
agus crann ansúd a bhaineas léi
a ghearradh anuas sa ghairdín?"

Tháinig bean an leasa thar n-ais ar maidin.
Bhíos fós ag ithe mo bhricfeasta.
D'iarr sí orm cad dúirt m'fhear céile.
Dúrtsa léi cad dúirt sé,
go ndúirt sé cad is dóigh léi,
is cad a cheapfadh sí
dá bhfaigheadh sé siúd Black & Decker
is dul chun a tí
is crann ansúd a bhaineas léi
a ghearradh anuas sa ghairdín.

"Ó," ar sise, *"that's very interesting."*
Bhí béim ar an *very.*
Bhí cling leis an *-ing.*
Do labhair sí ana-chiúin.
Bhuel, b'shin mo lá-sa,
pé ar bith sa tsaol é,
iontaithe bunoscionn.
Thit an tóin as mo bholg
is faoi mar a gheobhainn lascadh chic
nó leacadar sna baotháin
líon taom anbhainne isteach orm

THE TREE

The fairy woman came
with a Black and Decker.
She cut down my tree.
I watched her like a fool
cut the branches one by one.

My husband came in in the evening.
He saw the tree.
He was furious — no wonder.
He said: "Why didn't you stop her
What's she up to?
What would she think
If we got a Black and Decker
went to her house
and cut down one of the trees
in her garden?"

She came back next morning.
I was still breakfasting
She asked me what my man had said
I told her
He said: "Why didn't you stop her
What's she up to?
What would she think
If we got a Black and Decker
went to her house
and cut down one of the trees
in her garden?"

"Oh," she said, that *very* interest*ing*."
with a stress on the 'very'
and a ring from the '—ing'
though she spoke very quietly.
Well, that was my day,
such as it was,
turned upside down.

The bottom fell out of my stomach
and as if I got a good kick
or a punch in the guts
a weakness came over me
that made me so feeble

a dhein chomh lag san mé
gurb ar éigin a bhí ardú na méire ionam
as san go ceann trí lá.

Murab ionann is an crann
a dh'fhan ann, slán.

I couldn't lift a finger
for three whole days.
Unlike the tree
which happily, healthily grew away.

CNÁMH

Tráth
ba chnámh mé
ar an má
i measc na gcnámharlach eile.
Sa ghaineamhlach iargúlta
i lár na gcloch is na gcarraigeacha
bhíos lom, bán.

Tháinig an ghaoth,
puth d'anála,
shéid sé an t-anam
ionam.
Dhein díom bean,
múnlaithe as ceann
d'easnacha Ádhaimh.

Tháinig an gála,
shéid sé go láidir,
chuala do ghuth
ag glaoch orm sa toirneach.
Dhein díom Éabha,
máthair an chine.
Dhíolas m'oidhreacht
thar ceann mo chlainne.
Mhalartaíos úll
ar an dúil ba shine.

Fós
is cnámh mé.

BONE

Once
I was a bone
on a plain
among the other skeletons
In a remote desert
amongst rocks and boulders
I was bare, white.

The wind came,
a puff of breath,
it blew the soul
into me.
I was made woman,
fashioned from one
of Adam's ribs.

The storm came
blew with force,
I heard your voice
calling me through thunder.
I was made Eve
mother of the race.
I sold my birthright
for my children.
I swapped an apple
for the most ancient craving.

I am still
a bone.

MO MHILE STÓR

I dtús mo shaoil do mheallais mé
i dtráth m'óige, trí mo bhoige.
Thuigis go maith
go bhféadfaí mo cheann a chasadh
le trácht ar chúirteanna aoldaite,
ar chodladh go socair i gcuilteanna
de chlúmh lachan,
ar lámhainní de chraiceann éisc.

Ansan d'imís ar bord loinge,
chuireas mo mhíle slán i do choinne.
Chuireas suas le bruíon is le bearradh
ó gach taobh; bhí tráth ann
go bhféadfainn mo chairde a chomhaireamh
ar mhéireanna aon láimhe amháin,
ach ba chuma.

Thugais uait cúrsa an tsaoil
is d'fhillis abhaile.
Tháinig do long i dtír
ar mo leaba.
Chlúdaíos le mil thú
is chonac go raibh do ghruaig
fachta liath is díreach.

Fós i mo chuimhní
tánn tú bachallach,
tá dhá chocán déag i do chúl buí
cas.

MO MHILE STÓR

At my life's start you coaxed me
in my youth, through my softness.
You knew well
my head would be turned
by talk of lime-white courts,
of sleeping sound in quilts
of eiderdown,
of fish-skin gloves.

Then you boarded ship
my thousand farewells went with you.
I put up with sarcasm and strife
from every side: there was a time
I counted my friends on fingers
of one hand.
But it didn't matter.

You gave up the world's way
and came back home
your ship docked
on my bed
I covered you with honey
and saw your hair
was straight and grey.

But still in my memory
you are ringleted:
you have twelve knots
in your curly yellow
locks.

AN SFIONCS AG FEITHEAMH LE hOEDIPUS

Imím liom sna splancacha tintrí
is stopaim daoine ar an tslí
is cuirim chúchu an cheist: — "Cén t-ainmhí
a shiúlann ar cheithre cos, ansan dó, ansan trí?"
de ghnáth
titeann siad ina bpleist
marbha i lár an bhóthair
is an té a fhreagraíonn mícheart
gheibheann sé bleaist
de m'anáil bhréan
is ní fhanann aon mheabhair ina cheann
as san go lá an Luain.

Níl insint bhéil ar mo scéimh,
— níor mhair fear inste scéil
a thabharfadh aon tuairisc abhaile! —
I ngaineamhlacht na hÉigipte
deineadh dealbh díom; deirtear
gur chuireadar corp leoin
ceann cait is sciatháin éin
i mo leith. Na 'madáin!
bhí fuar acu ag iarraidh breith
ar sprid atá gan chothrom, gan chóip
is gan substaint ar bith.

Is nach fada mé i mo shuí
gach oíche spéirghealaí
anseo ar dhroichead an mhuilinn
go bhfuilim bailithe dho.
Píb chré idir mo stodaí fiacaile
is mé ag feitheamh leis an té
a ghlacfaidh gal uaim
is a chuirfidh trí phaidir le m'anam.
Ní shean a chuirfeadh sé clog ar a theanga!

Is a ghaiscígh, a lingfeadh an téad
(dá olcas do choiscéim bhacaí)
bhí aingil i láthair ag do bhreith,
in ainneoin do ghiobal salach
is mac rí tú.
Tánn tú ag druidiúint i mo threo
cheana féin chím an ga gréine

THE SPHINX WAITS FOR OEDIPUS

I move in the lightning flashes
and I stop people on the road
and pose this question:
"What creature walks on four feet
then two, then three?"
Usually they flop down dead
on the highway.
Who gets it incorrect
a blast of my putrid breath
blows memory from his head
until the day of doom.

No account of my beauty's known
— any man who'd tell the tale
dies before he can get home —
In Egypt's desert
I am described in stone,
depicted with lion's body
cat's head and bird's wings.
The fools! They did not succeed
to grasp a spirit without peer
an insubstantial rarity.

Not long sitting here
each moonlight night
at the mill bridge
before I get fed up.
A clay pipe in my stumps of teeth
waiting for the one
who'll take a puff from me
and pray three prayers for my soul.
It isn't as if it would put a blister on his tongue!

And my hero who would jump the rope
(bad and all as your lame step is)
an angel was present at your birth:
despite your dirty rags
you are a king's son.

You are approaching me
already I see the sunray
glinting

ag glinniúint
ar scian na coise duibhe
gur geall le claíomh solais í.

Tá sé sa chinniúint
gur tú an fear beo
is fearr a bhuailfidh liom riamh;
go bhfreagróidh tú an cheist i gceart;
go dteaspánfaidh tú mo ghnúis dom,
chun go dtabharfad,
i ndiaidh na gcianta, aghaidh
is breith mo bhéil fhéin
ar mo chuntanós.

on the black-handled knife
as bright as a sword of light.

It is destined
you will be
the finest living man
I'll ever meet:
that you will get the question right
that you will make the question clear
that you will have my form revealed
so that I can, after an age,
accost and judge my own face.

TURAS CHAITLIONA

Bhí an lá gránna salach,
chuas thar an seanduine i mo chairt.
Dhruid sé isteach 'on díog uaim.
Is fada é damanta
ag na cairteacha céanna
ar eagla go mbainfidís dá bhonnaibh é.

"Tá sé ina bhrothall,"
arsa mise mar mhagadh,
"Ní raghair 'on turas?"
"Turas, cad é turas?
— ní raibh aon ghnó agamsa do thuras
ó tháinig an *dentist* 'on Daingean."

B'fhíor dó.
Turas do thinneas fiacaile é seo,
is tá's agam go maith
dá raghfá 'on teampall
is ceann duine mhairbh
a fháilt istigh in uaigh ann
is fiacail a bhaint as
is í a chur síos i dtóin do phóca
ná beadh aon tinneas fiacaile
aríst go deo ort.

Deonaigh, a Chaitlíona,
go bhfaigheadsa fiacail
nimhe a leigheasfaidh
an nimh atá i mo chroí.

Ní mór nimh a chur
ag coimheascar nimhe.

TURAS CHAITLIONA

A dirty old day
I passed an old man in my car.
He shoved into the ditch from me,
persecuted by
the same cars
afraid they'll knock him down.

"Tis close,"
I said, joking him,
"You didn't go on to the pattern?"
"Pattern? What pattern?
I have no need for a pattern
since the dentist came to Dingle."

True for him.
This is a tooth-ache pattern
and I know well
if you go to the church yard
and find a skull
in a grave there
and pull a tooth from it
and put it in your pocket
you'll never have the tooth ache more.

Grant, Caitlíona
that I may find
a poisoned tooth
to cure the poison
in my heart.
Poison is the cure
for the poisoned mind.

MANDALA

Cé go bhfuil sciatháin ar mo chroí
ní liom féin iad,
tá siad ar iasacht agam
ón bhfiolar a bhíodh sa chnoc
gur chaitheas tráth aoibhinn m'óige
ar thaobh na fothana dho.

Táim chun dul ar an dturas
go Teampall Chaitlíona,
áit a bhfuil sinsir mo chine
is sliocht seacht sleachta
de mo mhuintir
curtha.

Do nocht an naomh a gnúis
Dé Domhnaigh dom i bhfís
— táim cinnte dhe
nach rabhas i mo chodladh —
is ba ghránna, mísciamhach
neamhbreá

a ceannaithe is a deilbh
snoite as eibhear
is í ag cur scaimheanna uirthi féin
is ó shoin
is rómhór é m'eagla
go bhfuil sí go dubh i bhfeirg liom

is dá dtitfinn i bhfarraige
as bád
nó dá n-éireodh an tuile
os mo chionn ná fillfeadh sí
a haprún seicear timpeall orm
chun mé a thabhairt slán ar an dtráigh

nó dá dtiocfadh cóch gaoithe orm
go hobann ag Cuas na Míol
'om scuabadh glan den bhfód
ná lasfadh sí
a ceithre solaisín gorm go maidin
'om chosaint ar an bhfaill.

MANDALA

Although my heart has wings
they are not mine
I have them on loan
from the eagle who lived on the hill
when I was young and happy,
in its sheltered side.

I'm taking a trip
to Teampall Chaitlíona
where my ancestral race
and seven generations
and the seed of all my people
lie.

The saint revealed her face
one Sunday in a vision:
It was no dream —
I lay broad waking —
and ugly, uncomely
unkindly
her features and shape
carved from granite.
She knocked lumps from herself
and since then
I am dreadfully afraid
she harbours an angry hate
towards me

and if I should fall
overboard
and if the swell
rose over my head
she would not wrap
her chequered apron round me
to take me safe to shore

and if a sudden squall
came from Cuas an Míol
to blast from the earth
she would not light
her four blue lamps til' morning
to save me from the precipice.

Ach ó chuireas i mo chroí dul ann
táim sona.
Aréir trím' chodladh
taibhríodh dom
peidhre fiolar ag cabhrú liom
an t-ard a dhreapadh.

Iad á n-iomlasc féin
sa log
sa bhfaill os cionn an locha,
an dúiche uile is an cnoc
bodhar
agena scréacha allta.

Thíos fúinn
luíonn an paróiste iomlán
faoi aon bhrat draíochta amháin.
Tá Fionn ag bailiú bairneach
lena bhior sa Chuan
nó ag imirt báire leis an ngallán mór

i ngort an tSithigh.
Tá Bran agus Sceolainn
ag fiach sa Mhóin Mhór
is Prionsa na Breataine Bige
ina churrachán ornáideach
ag teacht i dtír ar an bport

mar a bhfuil tráigh mín leathanaoibhinn Fionntrá
ag mionnú is ag géarú roimis.

But since my heart
is set on the trip
I'm happy.
Last night asleep
I dreamed
a pair of eagles came
to help me climb the height,
gliding in the hollow
by the cliff above the lake
all the country and the hill
deaf from their wild screeching.

Below us
all the parish lies
in its magic cloak.
Fionn gathers limpets
with his spear in Cuan
or plays hurling with the standing stone
in Sheehy's field.
Bran and Sceolainn
hunt in Móin Mhór
and a prince from Wales
comes ashore
in his small ornate boat

where the smooth wide beach
of pleasant Fionntrá
diminishes and slopes before him.

LABHRANN MEDB

Fógraim cogadh feasta
ar fhearaibh uile Éireann,
ar na leaids ag na cúinní sráide
is iad ina luí i lúib i gceas naíon,
a bpilibíní gan liúdar
is gan éileamh acu ar aon bhean
ach le teann fearaíochta is laochais
ag maíomh gur iníon rí Gréige
a bhí mar chéile leapan aréir acu,
is fógraím cogadh cruaidh feasta.

Fógraím cath gan truamhéil
gan cur suas is gan téarmaí
ar laochra na bhfiche pint
a shuífeadh ar bhinse taobh liom,
a chuirfeadh deasláimh faoi mo sciortaí
gan leathscéal ná gan chaoi acu
ach iad ag lorg iarraim cúis
chun smacht a imirt ar mo ghéaga,
is fógraím cath gan truamhéil orthu.

Tabharfad fogha feasta
tré thailte méithe Éireann
mo chathláin réidh faoi threalamh,
mo bhantracht le mo thaobh liom,
is ní tarbh a bheidh á fhuadach,
ní ar bheithígh a bheidh an chlismirt
ach éiric atá míle uair
níos luachmhaire, mo dhínit;
is fógraím fogha fíochmhar feasta.

MEDB SPEAKS

War I declare from now
on all the men of Ireland
on all the corner-boys
lying curled in children's cradles
their willies worthless
wanting no woman
all macho boasting
last night they bedded
a Grecian princess —
a terrible war I will declare.

Merciless war I declare —
endless, without quarter
on the twenty-pint heroes
who sit on seats beside me
who nicely up my skirts put hands
no apology or reason
just looking for a chance
to dominate my limbs —
a merciless war I will declare!

I will make incursions
through the fertile land of Ireland
my battalions all in arms
my amazons beside me
(not just to steal a bull
not over beasts this battle —
but for an honour-price
a thousand times more precious —
my dignity).
I will make fierce incursions.

CÚ CHULAINN I

A fhir bhig, dhoicht, dhorcha,
a Chú Chulainn,
go bhfuil an scealp fós bainte as do ghualainn
gur chaithis do chéad trí ráithe i bpluais
ar snámhán in uiscí do mháthar.

A uaimháitreoir, a réadóir,
ná tabharfadh an oiread sin sásaimh do mhná
a rá is nár ghabha t'athair i mbaile beag cósta
mar Bhaile an Bhuinneánaigh is nár dhein sé
airm is trealamh cogaidh a ghaibhniú duitse

chun go léimfeá as broinn do mháthar
trí nóiméad tar éis do ghinte
le lán do ghlaice de shleánna
is le cúig cinn do chlaimhte,
ní sinne faoi ndeara do ghoineadh.

Tagaimidne leis, mná, as broinnte
is tá an dainséar ann i gcónaí
ar maidin, istoíche, nó fiú tráthnóna
go maidhmfeadh an talamh is go n-osclódh romhainn
Bruíon na hAlmhaine nó Brú na Bóinne

nó Teach Da Deirge gona sheacht ndoirse
is a choire te.
Ná hagair t'óige orainne níos mó
a fhir bhig, bhoicht, dhorcha,
a Chú Chulainn.

CÚ CHULAINNN I

Small dark rigid man
Cú Chulainn
who still lacks a lump on your shoulder
who spent your first nine months in a cave
swimming in your mother's fluid.

Grave-haunter
who'd satisfy no woman
saying your father never went
to a small seaside town
like Ballybunion
never made arms and instruments of war
to give you

so you could leap from the womb
three minutes after your conception
your hands full of spears
holding five shields —
it is not we who injured you.

We also came, my ladies, out of wombs
and the danger yet remains
morning noon and evening
that the ground will open
and opened to us will be
Bruíon na hAlmhaine
Brú na Bóinne
or Teach Da Deirge
with its seven doors
and hot cauldron.

Don't threaten us with your youth again
small poor dark man
Cú Chulainn.

CÚ CHULAINN II

"A mháthair," ol Cú Chulainn,
"raghad chun na macraidhe.
Inis dom cá bhfuilid
is conas a raghad ann.
Táim bréan de bheith ag maireachtaint
ar immealbhoird bhur saolna,
caite i mo chnap ar leac thigh tábhairne
nuair a théann sibh ag ól pórtair,
ag crústadh cloch ar thraenacha
nó ag imirt póiríní le leanaí beaga,
ag féachaint ar na mairt á leagadh
nuair a bhíonn sibh ag búistéireacht
nó ar lasracha na dtinte cnámh
ag léimt sa tsráid go luath Oíche Shin Seáin.

Ach sara bhfágfad
cur uait do chniotáil
is bain an feaig as do bhéal neoimint,
abair liom aon ní amháin
is ná habair níos mó — a leithéid seo,
cé hé m'athair?"
D'fhéach Deichtine, a mháthair,
idir an dá shúil air.
D'oscail sí a béal chun rud a rá
ach dhún aríst é is ní dúirt sí faic.
Ní thugann mná tí stuama
freagra díreach ar cheist chomh dána léi.
Dá ndéanfadh seans go n-imeodh
an domhan mór uile ina raic.

CÚ CHULAINN II

"Mammy," said Cú Chulainn,
"I will join the grown-ups.
Tell me where they are
and how I'll get to them.
I'm fed up living
on the edges of your lives
thrown in a heap on the pub doorstep
when you go drinking porter,
or tossing stones at passing trains
or marble-playing with kids
seeing the oxen falling
when you are butchering
or seeing the flames of bonfires
on St. John's Eve.

But before I leave
put down your knitting
take the fag from your lip a minute
and tell me one thing —
who is my father?"

Deichtine his mother
stared at him
opened her mouth to speak,
closed it again, wordless.
No dedicated housewife would
answer such directness.
If word were said
the whole world would be
in chassis.

AGALLAMH NA MÓR-RIONA LE CÚ CHULAINN

Do thángas-sa chughat
i bhfoirm ríona,
éadaí ildaite orm
agus cuma sciamhach,
le go mbronnfainn ort cumhacht
agus flaitheas tíre,
an dúiche inmheánach
ina hiomláine,
críocha uile an anama
i nóiméad aimsire,
a bhforlámhas uile
is a nglóir siúd
mar is ar mo láimh a tugadh é
chun é a bhronnadh
ar cibé is áil liom.
Thugas chughat mo sheoda
is mo chuid eallaigh.

Ach nuair a shleamhnaíos
'on leabaidh chughat
dúraís, "Cuir uait!
Ní tráth imeartha í seo.
Ní ar son tóin mná
a tugadh ar talamh mé!
Bhí an domhan mór uile
le bodhradh fós
le do ghníomhartha gaile,
bhí barr maise
le cur ar do ghaisce,
is do thugais droim láimhe orm
murar thugais dorn iata.
All right, mar sin,
bíodh ina mhargadh,
beatha dhuine a thoil.

Ach is duitse is measa
nuair a bhead i measc do naimhde.
Tiocfad aniar aduaidh ort.
Bead ag feitheamh ag an áth leat.
Raghad i riocht faolchon glaise
i ndiaidh na dtáinte

THE GREAT QUEEN SPEAKS.
CÚ CHULAINN LISTENS.

I came to you
as a queen
colourfully clothed
beautifully formed
to grant you power
and kingdoms
all the internal country
all the territory of the soul
in one second
power over all this
and much glory
for it was given to me
to bestow on whom I wish
I brought you jewellery
and chattels.
But when I slipped
into bed with you
you said "Get off!"
This is no time for fun
I'm not here on behalf
of a woman's bum!
The wide world was yet
to be deafened
by your great deeds
your skills had yet
to be improved
and you gave me the back of your hand
if you didn't a closed fist.
All right, so —
it's a bargain —
please yourself.
But it will be worse for you
when I'm amongst your enemies
I will creep up on you
will await you at the ford
I'll be a grey wolf
who'll drive the herds
to stampede you
I'll be an eel
to trip you

is tiomáinfead ort iad.
Raghad i riocht eascon
faoi do chosa
is bainfidh mé truip asat.
Raghad i riocht samhaisce maoile
i gceann na mbeithíoch
chun gur diachair Dia dhuit
teacht slán ónár gcosaibh.
Seo foláireamh dóite dhuit,
a Chú Chulainn.

I will be a polly cow
at the herd's head —
hard for God even
to save you from our hooves.
There's my hot harangue for you
Cú Chulainn.

LABHRANN AN MHÓR-RION

Mo shlánú

Mise an tseanbhean
a thagann it' fhianaise.
Táim ar leathcheann,
leathshúil, leathchois.
Bleáim bó
ar a bhfuil trí shine.
Iarrann tú
deoch bhainne orm.

Tugaim duit bolgam.
Ólann tú siar é.
"Beannacht Dé is aindé ort."
Imíonn an phian
a bhí ag ciapadh m'easnaíocha,
an trálach ó mo lámh, an ghoin ó mo chois,
leis an tríú bolgam leamhnachta
téarnaíonn agus is slán mo leathrosc.

Toisc gur tú
a ghoin ar dtúis mé
i ladhar mo choise,
le do chrann tabhaill,
ní raibh i ndán dom
feabhsú i t'éagmais,
cé gur de do dhearg-ainneoin
a thugais uait an leigheas.

go carnadh cnámh, go brách beannachtan
is cuma an deoch uisce nó bolgam bainne
nó babhla anraith a dheineann an bheart,
i ndeireadh na dála is na margaíochta
díolann tú t'oidhreacht
de dheasca tarta,
tagaim slán ó do ghoin
de bhithin t'íocshláinte.

THE GREAT QUEEN SPEAKS

My salvation

I am the old one
who comes to support you.
I'm half-witted
one-eyed, one-legged.
I milk a cow
that has three tits
you beg
a drink of milk

I give you a mouthful.
You drink it back.
"God bless you and unbless you."
The pain goes
that was troubling my ribs
the shake from my hand
the wound from my leg
the third mouthful of milk
brings sight to my eye.

As it was you
who first wounded me
with the sole of your foot
with your slingshot catapult?
I could not get well
without you
though it was completely
in spite of yourself
you helped me.

May bones heap up, forever blessed
whether a drink of water
a mouthful of milk
a bowl of soup does the trick
after all the bargaining
you pay your debts
because of thirst
I escape your wounding of me

because of your healing power.

AN MHÓR-RION AG CÁISEAMH NA BAIDHBHE LE CÚ CHULAINN

Ní ghlacfá liomsa nuair a thángas
i mo ríon álainn, mar phósae phinc ar chrann.
Bhí mo chuid banúlachta róláidir duit
a dh'admháis ina dhiaidh sin do chara
is tú ag ól ina theannta.
Eagla, siúráilte, go gcoillfí tú
go mbeadh fiacla bréige ar mo phit,
go meilfí tú idir mo dhá dhrandal
mar a dhéanfaí le coirce i muileann
is cíor mhaith agam chun do mheilte.
A raispín diabhail, a fhir mheata, a stumpa 'madáin!
ní mise ba mheasa riamh duit go mór
ná go fada. Tá bean eile i t'aice.
Is í an léirmheirdreach í. Tá sí dorcha
is níl aon truamhéil inti, deor ná dil.
Bheadh sé chomh maith agat bheith ag iarraidh
fuil a fháisceadh as na clocha glasa
ná bheith ag tláithínteacht léithi sin.
(Cuimil do mhéar do chloich.)

Is nílim féin saor uirthi.
Táim admhálach gur ar éigin
a thugaim na cosa liom.
Glaonn sí ar an bhfón orm
maidneacha Aoine is deireann:
"Tair i leith is tabhair leat buidéal fíona
is beir chun bricfeasta agam."
Chun bricfeasta, — bead mhuis,
mé fhéin is m'anlann géann
dála na coda eile!
Dúisíonn sí go hocrach tar éis sámhchodladh
(Tá coinsias chomh hantréan aici
ná deineann sí nath ar bith
des na corpáin ag at is ag séideadh faoin leaba.)
is í ag priocadh léi go néata
ina slipéirí sáilí arda trés na
cairn chnámh, le teann mioscaise
is diablaíochta ag iarraidh toirmisc
a chothú eadrainn.

THE GREAT QUEEN BERATES
THE BADHBH TO CÚ CHULAINN

You would not accept me when I came
a queen like a tree be-garlanded.
My womanness overwhelmed you
as you admitted after to a friend
over a mutual drink.
Fear, certainly, of castration
fear of false teeth in my cunt
fear my jaws would grind you
like oats in a mill
me having a good comb to tease you
you ball-less little bollocks
I was never bad for you.
There's one beside you,
that's a complete whore
She's black and pitiless
sheds no tears.
You might as well try
and squeeze blood from stones
than sidle up to her
(unhand your sling!)

And I'm not free from her —
I must admit I nearly ran.
She 'phones me Friday mornings:
"Come, with a bottle of wine —
bring it over for breakfast."
For *breakfast!* Sure, I'll go —
my self with an extra measure
and the rest.
She wakes hungry after snoozing
(with such a bad conscience
she doesn't even mention
the corpses that putrify
under her bed),
skips neatly in slippers over her boneyard
full of devilment and spite
nurturing mischief between us.

She is the hooded crow
hovering over the crowd.
She picks the eyes

Is í an bhadhb í,
ar foluain os cionn an tslua.
Priocann sí na súile
as na leanaí sa chliabhán.
Is í an scréachán í,
éan búistéara;
beidh do chuid fola
ina logaibh faoi do chosa;
beidh do chuid feola
ar crochadh
ina spólaí fuara
ó chruacha stíl
mura bhfuil an méid sin
déanta cheana
mar ní ar do dhealbh
in Ard-Oifig an Phoist amháin
a chím í suite
ar do ghualainn,
a Chú Chulainn.

from kids in cots.
She is the screecher,
the butcher-bird:
your blood will be in pools
under your feet
your flesh
will hang
in cold joints
from meat hooks
if it's not already so —
because it's not just on your statue
in the G.P.O.
I see her sitting
on your shoulder,
Cú Chulainn.

BLÁTHANNA

Tá bláth ar an dtáthfhéithleann
atá chomh bán
le lámh mná óige nó do lámhsa.
Tá na clathacha lán díobh
an dtaca seo bhliain.
Osclaíonn gach crobh i mo threo
is éilíonn rud orm
nach féidir liom a thabhairt dóibh.

Ná hachanaigh orm níos mó,
geobhad bás,
dún do dhá dhorn.

Tá súil ag an nóinín mór
atá chomh tláth
chomh lán de thruamhéil le súil bó.
Féachann na súile seo orm céad uair
sa ló nuair a ghabhaim thar bráid
na lantán ina bhfásaid.
Féachann do shúilese orm ar aon chuma
leo is cránn siad an croí ionam.

Ná féach orm níos mó,
geobhad bás,
dún do dhá shúil.

FLOWERS

There's a flower on the woodbine
that is as white
as a girl's hand or your hand.
The hedges are full of them
this time of year.
Each palm opens towards me
and demands
something I cannot give.

Entreat me no more:
I will die.
Close your two fists.

The ox-daisy's eye
is as soft,
as plaintive as a cow's.
Those eyes look at me a hundred times
a day when I pass
the patch where they grow.
Your eyes look at me like their eyes
and torment the heart inside me.

Look at me no more:
I will die.
Shut your two eyes.

MUIRGHIL AG CÁISEAMH SHUIBHNE

"Deinim loigín lem shái
i mbualtrach na bó
doirtim isteach an bainne ann,
é seo fód do bháis."

"Na laethanta seo
is féidir leis uaireanta a chloig
a chaitheamh ag féachaint amach an fhuinneog.
Tagann scéinshúilí móra air
má thagann tú air go hobann,
aniar aduaidh, mar a cheapann sé.
Ólann sé a chuid tae as sásar.
Níl lí na léithe aige.
B'fhuirist a dh'aithint riamh air
gur í an déirc a bheadh mar dheireadh aige."

"Sciorr isteach
ól mo bhainne
sciorr amach aríst."

"Tá sé gearánach
as na pianta cnámha, a dhochtúir.
Deirimse leis go bhfuil na pianta cnámha *all right*
go dtí go dteánn siad sa cheann ort.
Joke a bhíonn ar siúl agam, tá's agat.
Fós, bíonn sé de mhisneach ann
tabhairt faoin dtráigh is é coslomnochtaithe.
Dá gcaithfeadh sé fiú na lóipíní a chniotáilim dó
ba chuma liom
ach is suarach leis iad.
É féin an fear, go raibh maith agat,
nach raibh maith agam a bhíonn i gceist aige
tá's agam."

"Tair abhaile
ól mo bhainne
tá do shaesúr thart
tá do chúrsa tugtha."

"N'fheadar in aon chor cad a déarfaidh mé leat, a athair.
Dúirt sé liom gan glaoch ar shagart.
Tá sé deacair rudaí mar seo a mhíniú ar an bhfón.
Tá sé amuigh sa ghairdín ó mhaidin
is é ceangailte de chrann

MUIRGHIL CASTIGATES SWEENY

"I dent with my heel
the cow-dung:
I pour milk in.
This is where you die."

These days
he can spend the hours
looking out the window
his eyes wide with fright —
if you come on him quick
"widdershins" as he thinks.
He drinks tea from a saucer,
he hasn't a tosser
'twas easy knowing
he'd end up a beggar.

"Whirr in —
drink my milk.
Whirr out again."

He complains about pains
in his bones, doctor —
I say 'don't mind about pains
in your bones —
wait until they get to your head!'
I do be only jokin', like.
Still he's brazen enough
to take to the beach
in his bare feet.
If he wore the leg-warmers
I knitted for him
I wouldn't mind
but *no* — they're not good enough!
Oh, he's the boy, thanks very much —
don't thank me very much!

   "Come home, home,
   drink my milk
   your season's done
   your race is run"

I don't know how to tell you, Father —
he told me to send for no priest

le téad ruainní.
É fhéin a dhein leis féin é.
Níor thuigeas-sa go raibh aon ní suas
go dtáinig leathmhaig ar a cheann
is gur lonnaigh an préachán cosdearg
ar a ghualainn chlé.
Ó, táim cortha aige,
táim curtha glan as mo mheabhar aige."

"Deinim loigín lem chois
i mbualtrach na bó
doirtim isteach an bainne ann,
é seo fód do bháis."

— its hard to explain on the phone —
he's out in the garden
since morning
tied to a tree by a horse-hair rope.
I never realised there was anything up
'til he got a crick in his neck
and a chough got up on his shoulder
I'm killed from him, Father —
he's driving me mad.

"I dented with my heel
the cow's dung:
I pour milk in.
This is where you die."

PARTHENOGENESIS

smut as dán fada

Tráth do chuaigh bean uasal de mhuintir Mhórdha
(a bhí pósta le seacht mbliana is gan aon chlann uirthi)
ag snámh sa bhfarraige mhór lá aoibhinn samhraidh.
Is toisc gur snámhaí maith í is an lá
chomh breá le haon uain riamh a bhí in Éirinn,
gan oiread is puth beag gaoithe ins an aer,
an bhá iomlán ina leamhach, an mhuir ina léinseach,
mar phána gloine ar chlár, níor chás di bualadh
go rábach amach go dtí na huiscí móra.
Le teann meidhréise is le scóip sa tsaol
do chuir sí a ceann faoi loch is cad a chífeadh
ag teacht idir í is grinneall na mara thíos
ach faoi mar a bheadh scáth fir; gach cor
do chuir sí di lastuas do lean an scáth í
is d'éirigh go raibh sé i ngiorracht leathorlaigh.
Do gheit a croí, do stad a glór ina béal,
do bhí a cuisle ag rith is ag rás ina cléibh
gur bheag nár phléasc a taobh; do tháinig gráinníní
ar a craiceann nuair a bhraith sí oighear na bhfeachtaí
íochtaracha ag dul go smior na gcnámh inti, is suathadh
síos an duibheagáin ag bodhrú a géag, an tarrac ciúin
taibhriúil fomhuireach; an fonn ealú i measc sliogán
is trilseán feamnaí go ndeánfaí ar deireadh coiréal bán
dá cnámha is atóil mhara, diaidh ar ndiaidh, dá lámha;
péarlaí dá súile dúnta i dtromshuan buan
i nead feamnaí chomh docht le leaba chlúimh.
Ach stop! Pé dúchas gaiscíochta do bhí inti,
d'éirigh de lúth a cnámh is de shraimeanna a cos
is thug aon seáp amháin don tráigh; le buillí aicli
do tháinig den ráig sin ar an ngaineamh.
Deirtear go raibh sí idir beatha is bás ar feadh i bhfad
ach fós trí ráithe ina dhiaidh sin go dtí an lá
do saolaíodh mac di, is bhí sí féin is a fear
chomh lán de ghrá, chomh sásta leis gur dearmadadh an scáth
is ní fhaca an rud a thug mná cabhartha amháin faoi ndeara,
faoi mar a bheadh scothóga feam, gaid mhara is iascáin
ag fás i measc gruaig an linbh, is dhá shúil mhóra ann
chomh gorm is chomh tláth le tiompáin mhara.
Scoláire bocht do ghaibh an treo is fuair óstaíocht

PARTHENOGENESIS

Once, a lady of the Ó Moores
(married seven years without a child)
swam in the sea in summertime.
She swam well, and the day
was fine as Ireland ever saw
not even a puff of wind in the air
all the day calm, all the sea smooth —
a sheet of glass — supple, she struck out
with strength for the breaking waves
and frisked, elated by the world.
She ducked beneath the surface and there saw
what seemed a shadow, like a man's
And every twist and turn she made
the shadow did the same
and came close enough to touch.
Heart jumped and sound stopped in her mouth
her pulses ran and raced, sides near burst
The lower currents with their ice
pierced her to the bone
and the noise of the abyss numbed all her limbs
then scales grew on her skin . . .

the lure of the quiet dreamy undersea . . .
desire to escape to sea and shells . . .
the seaweed tresses where at last
her bones changed into coral
and time made atolls of her arms,
pearls of her eyes in deep long sleep,
at rest in a nest of weed,
secure as feather beds . . .
But stop!
Her heroic heritage was there,
she rose with speedy, threshing feet
and made in desperation for the beach:
with nimble supple strokes she made the sand.

Near death until the day,
some nine months later
she gave birth to a boy.
She and her husband so satisfied,
so full of love for this new son
forgot the shadow in the sea

sa tigh a thug faoi ndeara nár dhún na súile riamh
d'oíche ná de ló is nuair a bhí an saol go léir
ina gcodladh is é cois tine leis an mac do chuir an cheist
"Cér dhíobh tú?" Is fuair an freagra pras thar n-ais
"De threibh na mara."

Instear an scéal seo, leis, i dtaobh thíos do chnoc
I Leitriúch na gCineál Alltraighe, cé gur ar bhean
de mhuintir Fhlaitheartaigh a leagtar ansan é. Tá sé acu
chomh maith theas in Uibh Ráthach i dtaobh bhean de
    muintir Shé
is in áiteanna eile fan cóstaí na hÉireann.
Ach is cuma cér dhíobh í, is chuige seo atáim
gurb ionann an t-uamhan a bhraith sí is an scáth
á leanúint síos is an buaireamh a líon
croí óg na Maighdine nuair a chuala sí
clog binn na n-aingeal is gur inchollaíodh
ina broinn istigh, de réir dealramh, Mac Dé Bhí.

and did not see what only the midwife saw —
stalks of sea-tangle in the boy's hair
small shellfish and sea-ribbons
and his two big eyes
as blue and limpid as lagoons.
A poor scholar passing by
who found lodging for the night
saw the boy's eyes never closed
in dark or light and when all the world slept
he asked the boy beside the fire
'Who are your people?' Came the prompt reply
"Sea People."

This same tale is told in the West
but the woman's an Ó Flaherty
and tis the same in the South
where the lady's called Ó Shea:
this tale is told on every coast.
But whoever she was I want to say
that the fear she felt
when the sea-shadow followed her
is the same fear that vexed
the young heart of the Virgin
when she heard the angel's sweet bell
and in her womb was made flesh
by all accounts
the Son of the Living God.

DÁN DO MHELISSA

Mo Pháistín Fionn ag rince i gcroí na duimhche,
ribín i do cheann is fáinní óir ar do mhéaranta
duitse nach bhfuil fós ach a cúig nó a sé do bhlianta
tíolacaim gach a bhfuil sa domhan mín mín.

An gearrcach éin ag léimt as tóin na nide
an feileastram ag péacadh sa díog,
an portán glas ag siúl fiarsceabhach go néata,
is leatsa iad le tabhairt faoi ndeara, a iníon.

Bheadh an damh ag súgradh leis an madra allta
an naíonán ag gleáchas leis an nathair nimhe,
luífeadh an leon síos leis an uan caorach
sa domhan úrnua a bhronnfainn ort mín mín.

Bheadh geataí an ghairdín ar leathadh go moch is go déanach,
ní bheadh claimhte lasrach á fhearadh ag Ceiribín,
níor ghá dhuit duilliúr fige mar naprún íochtair
sa domhain úrnua a bhronnfainn ort mín mín.

A iníon bhán, seo dearbhú ó do mháithrín
go mbeirim ar láimh duit an ghealach is an ghrian
is go seasfainn le mo chorp féin idir dhá bhró an mhuilinn
i muilte Dé chun nach meilfí tú mín mín.

POEM FOR MELISSA

My fair-haired child dancing in the dunes
hair be-ribboned, gold rings on your fingers
to you, yet only five or six years old,
I grant you all on this delicate earth.

The fledgeling bird out of the nest
the iris seeding in the drain
the green crab walking neatly sideways:
they are yours to see, my daughter.

The ox would gambol with the wolf
the child would play with the serpent
the lion would lie down with the lamb
in the pasture world I would delicately grant.

The garden gates forever wide open
no flaming swords in hands of Cherubin
no need for a fig-leaf apron here
in the pristine world I would delicately give.

Oh white daughter here's your mother's word:
I will put in your hand the sun and the moon
I will stand my body between the millstones
in God's mills so you are not totally ground.

AN RÁS

Faoi mar a bheadh leon cuthaigh, nó tarbh fásaigh,
nó ceann de mhuca allta na Fiannaíochta,
nó an gaiscíoch ag léimt faoi dhéin an fhathaigh
faoina chírín singilíneach síoda,
tiomáinim an chairt ar dalladh
trí bhailte beaga lár na hÉireann.
Beirim ar an ghaoth romham
is ní bheireann an ghaoth atá i mo dhiaidh orm.

Mar a bheadh saighead as bogha, piléar as gunna
nó seabhac rua trí scata mionéan lá Márta
scaipim na mílte slí taobh thiar dom.
Tá uimhreacha ar na fógraí bóthair
is ní thuigim an mílte iad nó kiloméadair.
Aonach, Ros Cré, Móinteach Mílic,
n'fheadar ar ghaibheas nó nár ghaibheas triothu.
Níl iontu faoin am seo ach teorainní luais
is moill ar an mbóthar go dtí tú.

Trí ghleannta sléibhe móinte bogaithe
scinnim ar séirse ón iarthar,
d'aon seáp amháin reatha i do threo
de fháscadh ruthaig i do chuibhreann.
Deinim ardáin des na hísleáin, isleáin de na hardáin
talamh bog de thalamh cruaidh is talamh cruaidh de
    thalamh bog, —
imíonn gnéithe uile seo na léarscáile as mo chuimhne,
ní fhanann ann ach gioscán coscán is drithle soilse.

Chím sa scáthán an ghrian ag buíú is ag deargadh
taobh thiar díom ag íor na spéire.
Tá sí ina meall mór craorac lasrach amháin
croí an Ghlas Ghaibhneach á chrú trí chriathar.
Braonta fola ag sileadh ón stráinín
mar a bheadh pictiúr den Chroí Ró-Naofa.
Tá gile na trí deirgeacht inti,
is pian ghéar í, is giorrosnaíl.

Deinim iontas des na braonta fola.
Tá uamhan i mo chroí, ach fós táim neafaiseach
faoi mar a fhéach, ní foláir, Codladh Céad Bliain
ar a méir nuair a phrioc fearsaid an turainn í.
Casann sí timpeall is timpeall arís í,

THE RACE

Like a mad lion, like a wild bull,
a wild boar from a Fenian tale,
a hero bounding towards a giant
with a single silken crest,
I blindly drive the car
through the small towns of the west:
I drive the wind before me
and leave the wind behind.

Arrow from bow, bullet from gun.
Sparrow-hawk through flock of small March birds
I scatter miles of road behind.
Figures flash on signposts —
but in kilometres or miles?
Nenagh, Roscrea, Mountmellick
(but have I travelled through these towns?)
mere things that limit speed
mere things that slow me down.

Through geographic barricades
I rush and dart from the west
I gallop towards where you wait
I speed to where you stand.
Heights are hollows, hollows heights
dry land is marsh, marshland is dry,
all contours from the map are gone:
nothing but shriek of brakes and sparks of light.

Sun's in the mirror, red and gold
in the sky behind me,
one huge crimson blazing globe —
Glas Gaibhneach's heart milk through a sieve
her drops of blood strained out
like a picture of the Sacred Heart.
Three scarlet brightnesses are there
and pain so sharp, and sob so short.

I stared at the drops of blood
afraid but almost unaware —
like Sleeping Beauty when she gazed
at her thumb pricked by the wheel,
she turned it over, and over once more

faoi mar a bheadh sí ag siúl i dtaibhreamh.
Nuair a fhéach Deirdre ar fhuil dhearg an laoi sa tsneachta
n'fheadar ar thuig sí cérbh é an fiach dubh?

Is nuair is dóigh liom gur chughat a thiomáinim,
a fhir álainn, a chumann na n-árann
is ná coinneoidh ó do leaba an oíche seo mé
ach mílte bóthair is soilse tráchta,
tá do chuid mífhoighne mar chloch mhór
ag titim anuas ón spéir orainn
is cuir leis ár ndrochghiúmar,
ciotarúntacht is meall mór mo chuid uabhair.

Is tá meall mór eile ag teacht anuas orainn
má thagann an tuar faoin tairngre
agus is mó go mór é ná meall na gréine
a fhuiligh i mo scáthán anois ó chianaibhín.
Is a mháthair abhalmhór, a phluais na n-iontas
ós chughatsa ar deireadh atá an spin siúil fúinn
an fíor a ndeir siad gur fearr aon bhlaise amháin de do phóigín
ná fíon Spáinneach, ná mil Ghréagach, ná beoir
    bhuí Lochlannach?

as if her actions were unreal.
When Deirdre saw blood on the snow
did she know the raven's name?

Then I realize I drive towards you
my dearest friend and lovely man
(may nothing keep me from your bed tonight
but miles of road and traffic lights)
and your impatience like a stone
falls upon us from the sky
and adds to our uneasiness
the awkward weight of my hurt pride.

And more great loads will fall on us
if the omen comes to pass
much greater than the great sun's globe
that lately bled into the glass.
And so, Great Mother, cave of awe —
since it's towards you we race —
is it the truth? Is your embrace
and kiss more fine
than honey, beer, or Spanish Wine?

TURAS

Fágaim laistiar,
faoi smúit ceobhráin
an dúiche fhiáin seo.
Scáileanna na gcnoc
ina leathchiorcal timpeall
na trá báine, mar ar mhairbh
na laochra a chéile,
is iad ag troid ar son
pé rud go dtroideann fearaibh
ar a shon.

I dtreo Bhaile an Ghóilín
chím na chéad chrainn
pailme
is an choill
a phlandáil na plandálaithe
De Moleyns.
Maireann an crann ar an bhfál
ach ní mhaireann an láimh
faid is atá mná rialta
ag siúil seomraí a dtí.
Tá bairnigh is iascáin
ag fás ar chreatlacha
a gcuid bád.
Tá oisrí ar a gcuimhní.

Sciorrann an lá
chomh mear le gaoth
tharam, — an bus, an traen,
Téim trí thollán
is táim anois i gcathair ard
is ar an bpábhaile
trí smúiteán an ghail,
an gleo, is gáirí arda
an chomhthaláin daoine
tánn tú ag teacht i mo threo.
Aithním fíor do ghuaille
do choiscéim,
is anois do ghuth.

A JOURNEY

I leave behind
in a hazy mist
this wind-swept countryside;
the shadows of the mountains
towering in a half-circle
over the white strand
where long ago the heroes
killed each other,
fighting over
whatever it is that heroes
fight over.

In the neighbourhood of Burnham
I meet my first trees, —
palms,
planted by the planters
the De Moleyns.
The tree in the hedge
still lives
but not the hand
meanwhile nuns
glide through the lofty rooms
of their demesne.
Barnacles and mussels
grown on the hulls of their boats,
oysters cluster round their memories.

The day itself
spins past me fast
as wind, — the bus, the train.
We go through a tunnel
and emerge again in a tall city
and on the platform, through the fog
of steam and noise, the loud cries
of a multitude of people
you are coming towards me.
I recognise the slope of your shoulder,
your footstep,
and now at last, your voice.

AINGEAL AN TIARNA

Is tú agam
Aingeal an Tiarna
ard, caol
is thar aon ní eile
fireann . . .

go ndeintear dom
de réir d'fhocail
umhal, ciúin
is mé buailte
mar arbhar . . .

is tá a fhios agam
amach anseo
nuair a bheidh dochtúirí
tar éis a insint dom
go bhfuilim ag fáil bháis
den ailse fhoirceanta

is gan de mhisneach agam
an chríoch a chur
ar chuma uasal
go dtiocfad chugatsa
go hIostanbúl . . .

treoród do lámh
chun an scian a shá
idir an dá easna bairr
faoi bhun mo bhrollaigh
mar seo . . .

is táim cinnte de
go ndéanfairse an gníomh
i gceart
is riamh
ná loicfeá orm.

THE ANGEL OF THE LORD

You are my
Angel of the Lord
tall, slim
and above all
masculine . . .

be it done unto me
according to thy word
obedient, quiet
threshed like corn . . .

and I know
in time to come
when the doctors inform me
than I am dying
of terminal cancer

and I haven't the courage
to end it all
nobly
I'll come to you
in Istanbul . . .

I will direct your hand
in the plunging of the knife
between my two top ribs
like this . . .

and I'm certain
you will perform the act
correctly
and never
fail me.

SIONNACH

A Mhaidrín rua,
rua rua rua rua
nach breá nach bhfuil fhios agat,
dá mhéid a ritheann leat,
sa deireadh
gurb é siopa an fhionnadóra
a bheidh mar chríoch ort.

Nílimidne filí
pioc difriúil.
Deir John Berryman
go ndeir Gotfreid Benn
go bhfuilimid ag úsáid ár gcraiceann
mar pháipéar falla
is go mbuafar orainn.

Ach fógra do na fionnadóirí;
bígí cúramach.
Ní haon giorria
í seo agaibh
ach sionnach rua
anuas ón gcnoc.
Bainim snap
as láimh mo chothaithe.

THE FOX

O little red fox
red red, so red
how is it that you still don't know
— no matter how long you get away with it —
that the furrier's shop
is where you'll finally end up.

We poets
aren't very different.
John Berryman says
that Gottfried Been says
that we are using our skins as wallpaper
and that we cannot win.

But a warning to furriers.
Let ye be careful.
This is no meek hare
that you have here
but a red fox
down from the mountain.
I bite
at the hand that feeds me.

NA SÚILE UAINE

Sular ghliúc
súile uaine
an nathar nimhe
san uaigneas

bhí rincí fada Andalúiseacha
cíortha cnáimh
is gúnaí tafata
ag déanamh glóir
mar thor cabáiste
sular ghliúc na súile uaine.

Sular lúb sé
lúb na lúibe
síos ar bhrainse
na n-úll cumhra

bhí hataí péacacha
faoi chleití piasún
is bataí droighin
faoi lámhchrainn éabhair
bhí caillí láis
is drithliú ar éadach
sular lúb sé síos ar ghéag ann.

Sular ith sé
greim den úll ann

bhí cnaipí ag oscailt
i ndiaidh a chéile
bhí cabhail á nochtadh
faoi scáilí oíche
bhí gruaig rua
ar gach lánún ann
is iad ag péinteáil breicní
ar a chéile
le gathanna gréine;
ag miongháirí
sular bhain sé greim den úll ann.

Ach anois
tá an greim bainte
an t-úll ite

THE GREEN EYES

Before the green eyes
of the serpent
gleamed
in the wilderness

there were long Andalusian dances
combs of bone
and dresses of taffata
making swishing sounds
like leaves of cabbage
before the green eyes gleamed.

Before he looped
the loop of the loop
down the sweet-scented apple-branch

there were jaunty hats
with pheasant feathers
blackthorn sticks
with tops of ivory,
veils of lace
and shimmering dresses
before he looped along the branch there.

Before he took
a bite of the apple
there were buttons being opened
one after another
bodies being unclothed
in night-shadows,
every couple was red-haired
and busily painting freckles
on each other
with shafts of sunlight
laughingly,
before he took a bite of the apple.

But now
the bite is bitten
the apple is eaten
the maggot begotten
our feet finally bathed
and we are lying

an chnuimh ginte
ár gcosa nite
is táimid luite
sa dorchadas síoraí
mar a bhfuil gol is gárthaíl
is díoscán fiacal
go heireaball timpeall.

in the eternal darkness
where there is crying and wailing
and gnashing of teeth
in saeculorum.

I mBAILE AN tSLÉIBHE

I mBaile an tSléibhe
tá Cathair Léith
is laistíos dó
tigh mhuintir Dhuinnshléibhe;
as san chuaigh an file Seán
'on Oileán
is uaidh sin tháinig an ghruaig rua
is bua na filíochta
anuas chugam
trí cheithre ghlún.

Ar thaobh an bhóthair
tá seidhleán
folaithe ag crainn fiúise,
is an feileastram
buí
ó dheireadh mhí Aibreáin
go lár an Mheithimh,
is sa chlós tá boladh
lus anainne nó camán meall
mar a thugtar air sa dúiche
timpeall,
i gCill Uru is i gCom an Liaigh
i mBaile an Chóta is i gCathair Boilg.

Is lá
i gCathair Léith
do léim breac geal
ón abhainn
isteach sa bhuicéad
ar bhean
a chuaigh le ba
chun uisce ann,
an tráth
gur sheoil trí árthach
isteach sa chuan,
gur neadaigh an fiolar
i mbarr an chnoic
is go raibh laincisí síoda
faoi chaoire na Cathrach.

IN BAILE NA tSLÉIBHE

In Baile an tSléibhe
is Cathair Léith
and below it
the house of the Dunleavies;
from here the poet Sean
went into the Great Blasket
and from here the red hair
and gift of poetry came down to me
through four generations.

Beside the road
there is a stream
covered over with fuchsias
and the wild flag
yellow
from the end of April
to mid-June,
and in the yard there is a scent
of pinapple mayweed or camomile
as it is commonly known in the surrounding
countryside,
in Cill Uru and in Com an Liaig
in Ballinchouta and in Cathairbuilg.

And one day
in Cathair Léith
a white trout leapt
out of the river
and into the bucket
of a woman
who had lead her cows
to water there;
a time
when three ships came sailing
into the bay
the eagle was still nesting
on the top of the hill
and the sheep of Cathair
had spancels of silk.

LEABA SHIODA

Do chóireoinn leaba duit
i Leaba Shíoda
sa bhféar ard
faoi iomrascáil na gcrann
is bheadh do chraiceann ann
mar shíoda ar shíoda
sa doircheacht
am lonnaithe na leamhan.

Craiceann a shníonn
go gléineach thar do ghéaga
mar bhainne á dháil as crúiscíní
am lóin
is tréad gabhar ag gabháil thar chnocáin
do chuid gruaige
cnocáin ar a bhfuil faillte arda
is dhá ghleann atá domhain.

Is bheadh do bheola taise
ar mhilseacht shiúcra
tráthnóna is sinn ag spaisteoireacht
cois abhann
is na gaotha meala
ag séideadh thar an Sionna
is na fiúisí ag beannú duit
ceann ar cheann.

Na fiúisí ag ísliú
a gceanna maorga
ag umhlú síos don áilleacht
os a gcomhair
is do phriocfainn péire acu
mar shiogairlíní
is do mhaiseoinn do chluasa
mar bhrídeog.

Ó, chóireoinn leaba duit
i Leaba Shíoda
le hamhascarnach an lae
i ndeireadh thall

LABYSHEEDY (THE SILKEN BED)

I'd make a bed for you
in Labysheedy
in the tall grass
under the wrestling trees
where your skin
would be silk upon silk
in the darkness
when the moths are coming down.

Skin which glistens
shining over your limbs
like milk being poured
from jugs at dinnertime;
your hair is a herd of goats
moving over rolling hills,
hills that have high cliffs
and two ravines.

And your damp lips
would be as sweet as sugar
at evening and we walking
by the riverside
with honeyed breezes
blowing over the Shannon
and the fuchsias bowing down to you
one by one.

The fuchsias bending low
their solemn heads in obeisance to the beauty
in front of them
I would pick a pair of flowers
as pendant earrings
to adorn you
like a bride in shining clothes.

O I'd made a bed for you
in Labysheedy,
in the twilight hour
with evening falling slow

is ba mhór an pléisiúr dúinn
bheith géaga ar ghéaga
ag iomrascáil
am lonnaithe na leamhan.

and what a pleasure it would be
to have our limbs entwine
wrestling
while the moths are coming down.

FÁILTE BHÉAL NA SIONNA DON IASC

Léim an bhradáin
Sa doircheacht
Lann lom
Sciath airgid,
Mise atá fáiltiúil, líontach
Sleamhain,
Lán d'fheamnach,
Go caise ciúin
Go heireaball eascon.

Bia ar fad
Is ea an t-iasc seo
Gan puinn cnámh
Gan puinn putóg
Fiche punt teann
De mheatáin iata
Dírithe
Ar a nead sa chaonach néata.

Is seinim seoithín
Do mo leannán
Tonn ar thonn
Leathrann ar leathrann,
Mo thine ghealáin mar bhairlín thíos faoi
Mo rogha a thoghas féin ón iasacht.

THE SHANNON ESTUARY
WELCOMING THE FISH

The leap of the salmon
in darkness,
naked blade
shield of silver.
I am welcoming, full of nets,
inveigling
slippery with seaweed,
quiet eddies
and eel-tails.

This fish
is nothing but meat
with very few bones
and very few entrails;
twenty pounds of muscle tauted,
aimed
at its nest in the mossy place.

And I will sing a lullaby
to my lover
wave on wave,
stave upon half-stave,
my phosphorescence as bed-linen under him,
my favourite, whom I, from afar have chosen.